JN412441

NCS를 기반으로 한

National Competency Standards

일본요리

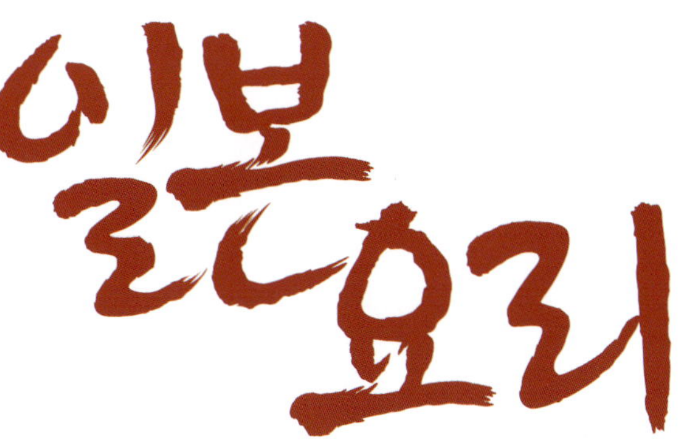

강송목 · 김성훈 · 송혜영

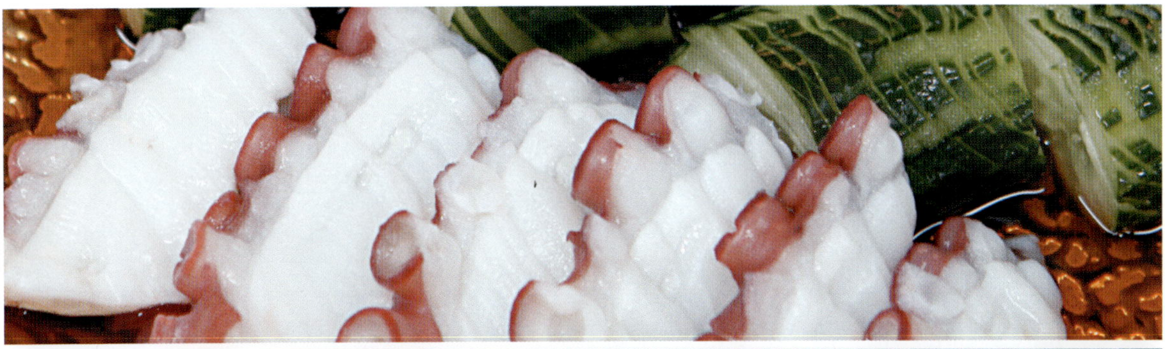

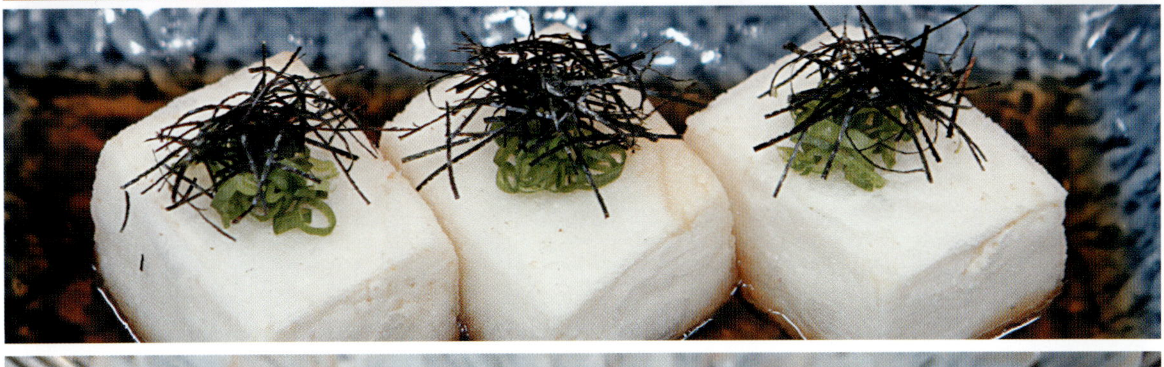

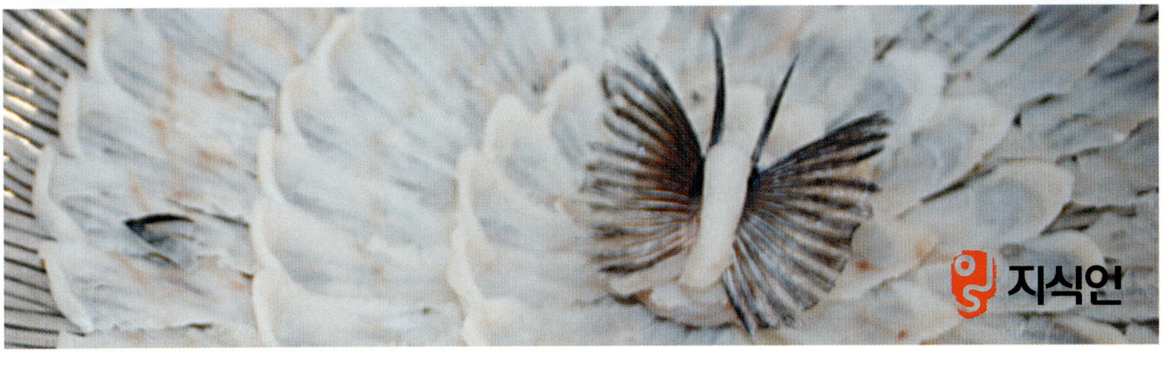

지식인

Profile

강송목

현, 동아인재대학교 글로벌호텔조리과 겸임교수

김성훈

현, 영산대학교 동양조리학과 교수

송혜영

현, 영산대학교 웰빙조리학과 책임교수

NCS를 기반으로 한 일본요리

2015년 6월 25일 초판 1쇄 인쇄
2015년 6월 30일 초판 1쇄 발행

지은이 | 강송목·김성훈·송혜영
펴낸이 | 김종욱
펴낸곳 | 지식인
등 록 | 제301-2013-134호
주 소 | 서울시 도봉구 도봉로 476, 415호(삼성쉐르빌퍼스티)
전 화 | 02)2266-8606(대)
팩 스 | 02)2266-8607
이메일 | jisikin2013@naver.com
홈페이지 | www.jisikinbook.co.kr

ISBN 978-89-98591-52-6 (93590)

값 18,000원

NCS를 기반으로 한 일본요리

머리말

일본음식은 한국음식처럼 쌀을 주식으로 하고 해산물을 이용하는 특성이 있다. 일본음식 문화의 또 다른 특성은 계절의 변화가 뚜렷하여 신선한 어패류와 다양한 식재료가 풍부한 점이다. 이를 통해 일본요리는 오래 전부터 자연스럽게 생식의 습관을 가져왔을 것으로 생각된다.

일본요리는 '눈으로 보는 요리'라는 말을 하듯이 외형의 아름다움을 존중하므로, 조리인의 개성이나 기술에 대해 까다로우며 담는 방법까지도 아주 세심한 주의를 기울인다.

평소 일본요리에 대해 관심이 많았던 저자는 일본 유학생활과 현장에서 근무하며 늘 궁금하고 알고싶었던 일본요리의 기본에 대한 지식과 그동안 모아두었던 자료들을 정리하여, 일본요리의 기본을 가르치는데 작으나마 도움이 되었으면 하는 바람으로 이 책을 발간하게 되었다. 따라서 배우는 학생들이 실제적으로 활용 가능한 일본요리의 기본 습득과 알아두어야 할 지식들, 그리고 일식조리기능사 시험에 대비한 실기시험 내용들을 NCS에 접목하여 구성하였다.

제1장은 일본요리의 개요로, 일본요리의 기본과 특징, 역사로 구성하여 일본요리의 전반적인 흐름을 알 수 있도록 하였다.

제2장은 지역적 분류로, 관동지방과 관서지방 요리들의 특징을 이해하는데 도움이 되고자 하였다.

제3장은 일식요리의 기본이 되는 일본조리도, 기본 썰기와 모양 썰기를 수록하였다.

제4장은 일본요리에 사용되는 해산물과 기본 식자재 명칭, 조리에 사용되는 조미료의 종류를 이해하기 쉽게 하였다.

제5장은 일본요리의 기본다시 재료와 기본다시 만드는 법을 구성하였으며, 제6장은 도미손질방법에 대해 설명하였고, 제7장은 복어요리에 관한 복어의 어원, 복어 실기시험 내용들을 수록하였다. 부록으로는 일식 조리용어를 쉽게 풀어 수록하였다.

관련업계에 종사하는 분들과 학생들에게 조금이라고 도움이 되었으면 하는 바람과 희망을 가지며, 자격증을 취득하고자 하는 수험생들에게 많은 도움이 되며 합격을 기원한다. 그리고 업계의 선, 후배 여러분들의 따뜻한 조언과 많은 격려를 부탁드린다. 마지막으로, 이 책이 출판되기까지 배려와 도움을 주신 지식인출판사 모든 분들에게 감사드린다.

저 자

일본 요리 이론

일식·복어 조리

국가직무능력표준(NCS)의 개요

1. 국가직무능력표준 개념

- 국가직무능력표준(NCS, National Competency Standards)[1]은 산업현장에서 직무를 수행하기 위해 요구되는 지식·기술·소양 등의 내용을 국가가 산업부문별·수준별로 체계화한 것으로, 국가적 차원에서 표준화한 것을 의미한다.

국가직무능력표준 개념도

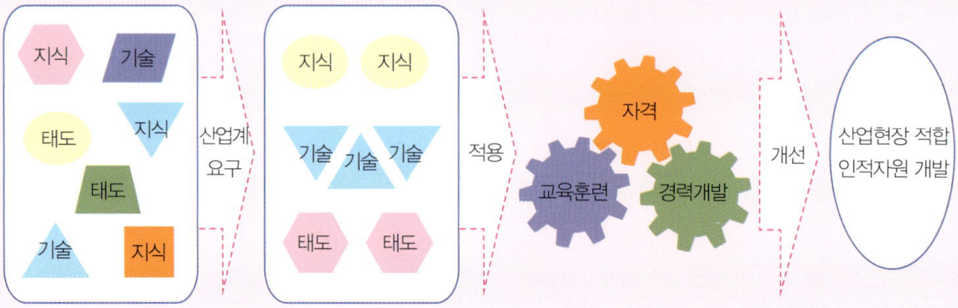

2. 사업수행 법적 근거

「자격기본법」 규정
(제2조 제2호) '국가직무능력표준'이란, 산업현장에서 직무를 수행하기 위하여 요구되는 지식·기술·소양 등의 내용을 국가가 산업부문별·수준별로 체계화 한 것을 말한다.

1 표준국어대사전(1212년, 국립국어원)
① 직무능력
– 직무(職務) : 직책이나 직업상에서 책임을 지고 담당하여 맡은 사무. '맡은 일'로 순화.
– 능력(能力) : 일을 감당해 낼 수 있는 힘.
② 표준
– 표준(標準) : 사물의 정도나 성격 따위를 알기 위한 근거나 기준.

3. 국가직무능력표준 구성

- 직무는 국가직무능력표준 분류체계의 세분류를 의미하고, 원칙상 세분류 단위에서 표준개발
- 능력단위는 국가직무능력표준 분류체계상 세분류의 하위단위로서 국가직무능력표준의 기본 구성요소에 해당

국가직무능력표준 구성

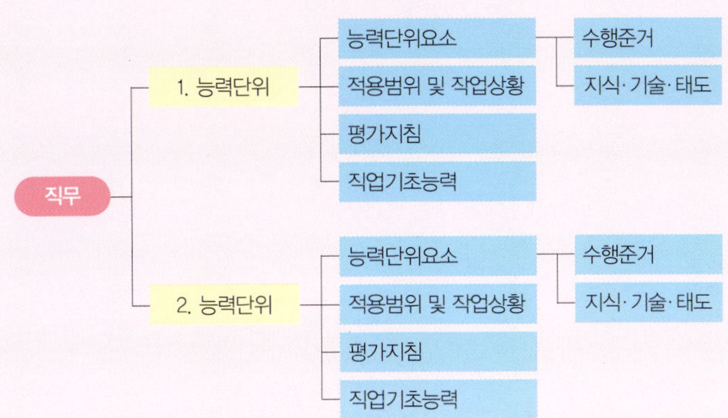

※ 능력단위는 능력단위 분류번호, 능력단위 정의, 능력단위 요소(수행준거, 지식·기술·태도), 적용범위 및 작업상황, 평가지침, 직업기초능력으로 구성

구성 항목	내 용
① 능력단위 분류번호 (Competency Unit Code)	• 능력단위를 구분하기 위하여 부여되는 일련번호로서 12자리로 표현
② 능력단위 명칭 (Competency Unit Title)	• 능력단위의 명칭을 기입한 것
③ 능력단위 정의 (Competency Unit Description)	• 능력단위의 목적, 업무수행 및 활용범위를 개략적으로 기술
④ 능력단위 요소 (Competency Unit Element)	• 능력단위를 구성하는 중요한 핵심 하위능력을 기술
⑤ 수행준거 (Performance Criteria)	• 능력단위 요소별로 성취여부를 판단하기 위하여 개인이 도달해야 하는 수행의 기준을 제시
⑥ 지식·기술·태도 (KSA)	• 능력단위 요소를 수행하는데 필요한 지식·기술·태도
⑦ 적용범위 및 작업상황 (Range of Variable)	• 능력단위를 수행하는데 있어 관련되는 범위와 물리적 혹은 환경적 조건 • 능력단위를 수행하는데 있어 관련되는 자료, 서류, 장비, 도구, 재료
⑧ 평가지침 (Guide of Assessment)	• 능력단위의 성취여부를 평가하는 방법과 평가 시 고려되어야 할 사항
⑨ 직업기초능력 (Key Competency)	• 능력단위별로 업무수행을 위해 기본적으로 갖추어야 할 직업능력

4. 국가직무능력표준 수준체계

수 준	직무수준 정의
8수준	해당분야에 대한 최고도의 이론 및 지식을 활용하여 새로운 이론을 창조할 수 있고, 최고도의 숙련으로 광범위한 기술적 작업을 수행할 수 있으며 조직 및 업무 전반에 대한 권한과 책임이 부여된 수준 (지식기술) 해당분야에 대한 최고도의 이론 및 지식을 활용하여 새로운 이론을 창조할 수 있는 수준 최고도의 숙련으로 광범위한 기술적 작업을 수행할 수 있는 수준 (역 량) 조직 및 업무 전반에 대한 권한과 책임이 부여된 수준 (경 력) 수준 7에서 2~4년 정도의 계속 업무 후 도달 가능한 수준
7수준	해당분야의 전문화된 이론 및 지식을 활용하여, 고도의 숙련으로 광범위한 작업을 수행할 수 있으며 타인의 결과에 대하여 의무와 책임이 필요한 수준 (지식기술) 해당분야의 전문화된 이론 및 지식을 활용할 수 있으며, 근접분야의 이론 및 지식을 사용할 수 있는 수준 고도의 숙련으로 광범위한 작업을 수행하는 수준 (역 량) 타인의 결과에 대하여 의무와 책임이 필요한 수준 (경 력) 수준 6에서 2~4년 정도의 계속 업무 후 도달 가능한 수준
6수준	독립적인 권한 내에서 해당분야의 이론 및 지식을 자유롭게 활용하고, 일반적인 숙련으로 다양한 과업을 수행하고, 타인에게 해당분야의 지식 및 노하우를 전달할 수 있는 수준 (지식기술) 해당분야의 이론 및 지식을 자유롭게 활용할 수 있는 수준 일반적인 숙련으로 다양한 과업을 수행할 수 있는 수준 (역 량) 타인에게 해당분야의 지식 및 노하우를 전달할 수 있는 수준 독립적인 권한 내에서 과업을 수행할 수 있는 수준 (경 력) 수준 5에서 1~3년 정도의 계속 업무 후 도달 가능한 수준
5수준	포괄적인 권한 내에서 해당분야의 이론 및 지식을 사용하여 매우 복잡하고 비일상적인 과업을 수행하고, 타인에게 해당분야의 지식을 전달할 수 있는 수준 (지식기술) 해당분야의 이론 및 지식을 사용할 수 있는 수준 매우 복잡하고 비일상적인 과업을 수행할 수 있는 수준 (역 량) 타인에게 해당분야의 지식을 전달할 수 있는 수준 포괄적인 권한 내에서 과업을 수행할 수 있는 수준 (경 력) 수준 4에서 1~3년 정도의 계속 업무 후 도달 가능한 수준
4수준	일반적인 권한 내에서 해당분야의 이론 및 지식을 제한적으로 사용하여 복잡하고 다양한 과업을 수행하는 수준 (지식기술) 해당분야의 이론 및 지식을 제한적으로 사용할 수 있는 수준 복잡하고 다양한 과업을 수행할 수 있는 수준 (역 량) 일반적인 권한 내에서 과업을 수행할 수 있는 수준 (경 력) 수준 3에서 1~4년 정도의 계속 업무 후 도달 가능한 수준

수 준	직무수준 정의
3수준	제한된 권한 내에서 해당분야의 기초이론 및 일반지식을 사용하여 다소 복잡한 과업을 수행하는 수준 (지식기술) 해당분야의 기초이론 및 일반지식을 사용할 수 있는 수준 다소 복잡한 과업을 수행하는 수준 (역 량) 제한된 권한 내에서 과업을 수행하는 수준 (경 력) 수준 2에서 1~3년 정도의 계속 업무 후 도달 가능한 수준
2수준	일반적인 지시 및 감독 하에 해당분야의 일반 지식을 사용하여 절차화 되고 일상적인 과업을 수행하는 수준 (지식기술) 해당분야의 일반 지식을 사용할 수 있는 수준 절차화 되고 일상적인 과업을 수행하는 수준 (역 량) 일반적인 지시 및 감독 하에 과업을 수행하는 수준 (경 력) 수준 1에서 6~12개월 정도의 계속 업무 후 도달 가능한 수준
1수준	구체적인 지시 및 철저한 감독 하에 문자이해, 계산능력 등 기초적인 일반지식을 사용하여 단순하고 반복적인 과업을 수행하는 수준 (지식기술) 문자이해, 계산능력 등 기초적인 일반 지식을 사용할 수 있는 수준 단순하고 반복적인 과업을 수행하는 수준 (역 량) 구체적인 지시 및 철저한 감독 하에 과업을 수행하는 수준

5. 국가직무능력표준 분류체계

대분류	중분류	소분류	세분류
13. 음식서비스	1. 식음료·조리·서비스	1. 음식조리	01. 한식조리
			02. 양식조리
			03. 중식조리
			04. 일식·복어조리

* 세분류는 NCS 분류체계 전체를 기재하고, 당해 개발분은 음영 처리

직무명 : 일식·복어조리

1. 직무개요

1) 직무정의

일식·복어조리는 다양한 식재료와 식용 가능한 복어를 선별하여 안전하게 제독 처리하고 손질한 후, 재료 본연의 맛과 계절감을 살려 위생적이고 다양한 조리법으로 조리하는 일이다.

2) 능력단위

순 번	능력단위	순 번	능력단위
1	일식 조리실무	10	일식 구이조리
2	일식 초회조리	11	일식 면류조리
3	일식 무침조리	12	일식 밥류조리
4	일식 국물조리	13	일식 초밥조리
5	일식 냄비조리	14	복어 조리도구 사용
6	일식 조림조리	15	복어 손질
7	일식 찜조리	16	복어 회조리
8	일식 회조리	17	복어 냄비조리
9	일식 튀김조리		

3) 능력단위별 능력단위 요소

분류번호	능력단위(수준)	능력단위 요소	수 준
1301010401_13v1	일식 조리실무(5)	위생관리 하기	3
		안전관리 하기	3
		메뉴관리 하기	5
		구매관리 하기	3
		식재료관리 하기	5
		일식 기초기능 익히기	5
1301010402_13v1	일식 초회조리(3)	초회재료 준비하기	3
		초회 조리하기	3
		초회 담기	3
1301010403_13v1	일식 무침조리(2)	무침재료 준비하기	2
		무침 조리하기	2
		무침 담기	2
1301010404_13v1	일식 국물조리(3)	국물재료 준비하기	3
		국물 우려내기	3
		국물요리 조리하기	3

분류번호	능력단위(수준)	능력단위 요소	수 준
1301010405_13v1	일식 냄비조리(3)	냄비재료 준비하기	3
		냄비국물 우려내기	3
		냄비요리 조리하기	3
1301010406_13v1	일식 조림조리(3)	조림재료 준비하기	3
		조림 하기	3
		조림 담기	2
1301010407_13v1	일식 찜조리(3)	찜재료 준비하기	3
		찜 조리하기	3
		찜 담기	3
1301010408_13v1	일식 회조리(5)	곁들임 준비하기	4
		회 손질하기	5
		회 담기	5
1301010409_13v1	일식 튀김조리(4)	튀김재료 준비하기	4
		튀김 하기	4
		튀김 담기	4
1301010410_13v1	일식 구이조리(3)	구이재료 준비하기	3
		구이 굽기	3
		구이 담기	3
1301010411_13v1	일식 면류조리(3)	면 재료 준비하기	3
		면 조리하기	3
		면 담기	3
1301010412_13v1	일식 밥류조리(3)	밥 짓기	3
		녹차밥 조리하기	3
		덮밥류 조리하기	3
		죽류 조리하기	3
1301010413_13v1	일식 초밥조리(5)	초밥재료 준비하기	5
		초밥 조리하기	5
		초밥 담기	4
1301010416_13v1	복어 조리도구 사용(2)	용도별 칼 사용하기	2
		용도별 조리도구 사용하기	2
		조리도구 관리하기	2
1301010417_13v1	복어 손질(4)	기초 손질하기	3
		식용부위 손질하기	4
		제독 처리하기	3
		껍질 작업하기	4
		독성 부위 폐기하기	3
1301010422_13v1	복어 회조리(5)	복어살 전처리 작업하기	4
		복어회 뜨기	5
		접시에 담기	5
1301010426_13v1	복어 냄비조리(4)	복어 맛국물 만들기	3
		복어 샤브샤브 준비하기	3
		복어 맑은탕 준비하기	3
		복어냄비 조리하기	4

NCS를 기반으로 한 일본요리

일본요리 이론

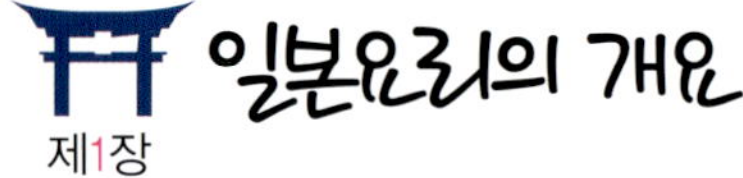

1. 일본요리의 기본

일본은 우리나라와 마찬가지로 바다가 둘러싸여 있어 해산물이 풍부하며, 사계절의 변화에 따라 여러 가지 농작물을 얻을 수 있다는 점에서 요리의 소재가 우리나라와 비슷하다고 말할 수 있다. 또한 양국 모두가 주식은 쌀이며, 부식으로 반찬, 국이 한 세트로 되어 있는 점도 비슷하다.

일본요리는 같은 재료라도 사계절의 변화에 따라 가장 맛이 좋은 제철재료를 구분해 씀으로써 계절감을 살리고 있다. 또한 양질의 식수와 신선한 어패류가 풍성하여 생선회さしみ, 사시미가 매우 발달하였으며, 재료 본연의 맛을 살려 조리하기 때문에 향신료를 많이 사용하지 않는다.

일본요리의 식기는 한 사람씩 따로 사용하며, 요리의 내용이나 계절감에 따라 조화를 이루고 아름다움을 살린다. 이러한 일본요리는 눈으로 먹는 요리로, 외부로부터 맛을 첨가하는 것이 아니라 식자재가 가지고 있는 본래의 맛과 멋을 내부로부터 이끌어 내는 요리라 말할 수 있다.

2. 일본요리의 특징

1) 일본요리의 5법

일본요리는 오미五味, 오색五色, 오법五法을 기본으로 하여 조리한다.

① 오미五味, ごみ : 단맛, 신맛, 짠맛, 쓴맛, 매운맛의 다섯 가지 맛이다.
② 오색五色, ごしき : 빨간색, 청색, 검정색, 흰색, 노란색의 다섯 가지 색이다.
③ 오법五法, ごほう : 날것, 찜, 튀김, 조림, 구이의 다섯 가지 조리법이다.

2) 일본요리의 특징

① 일본요리는 눈으로 먹는다고 할 정도로 색깔의 조화와 모양을 대단히 중요시하는 예술품이라 말할 수 있다.

② 가능한 조미료를 사용하지 않고 재료가 가지고 있는 맛을 살리며, 손님으로 하여금 계절의 시기를 최대한 느낄 수 있다.

③ 일본요리의 조리법에 있어서도 하늘, 육지, 바다, 강, 들 등에서 나는 재료들을 골고루 배합하여 영양과 맛의 균형을 맞추어 조리하는 것이 기본이다. 자연의 맛과 멋을 살리면서 조리한다.

④ 생선을 그릇에 담을 경우 머리는 왼쪽으로 향하며 배가 자기 앞쪽으로 오게 담고, 담수어의 경우 머리는 왼쪽, 배쪽은 위쪽으로 하여 담는다.

⑤ 가급적이면 요리를 그릇에 담을 때도 요리가 섬세하고 양이 적으며, 그릇에 가득차게 담지 않고 여백의 미를 살려 담는다.

3. 일본요리의 역사

1) 고대 전기

(1) 조문시대縄文時代

선토기시대를 거쳐, 약 1만 년 전부터 7~8천 년 정도 조문시대縄文時代, じょうもん가 이어졌고, 패총에서 승문식縄文式, じょうもんしき 토기(새끼 줄무늬)와 미생식 토기가 등장하게 된다. 수천 년에 이르는 이 시기는 북방계와 남방계의 양쪽 문화가 일본열도에서 교묘하게 혼합 조화되어 있는데, 식생활에서도 같은 양상을 보인다. 이 시대는 수렵생활이 중심이었고, 한편으로는 고기잡이도 하는, 즉 자연물 채집경제를 원칙으로 하였음을 알 수 있다.

(2) 야요이시대彌生時代

BC 300년경부터 벼농사가 시작되었고 금속기가 생활에 사용되었다. 안정되고 폭넓은 식재료를 통해서 주식과 부식이 분리되기 시작했고, 발효식품과 건조에 의한 보존법이 등장하였다. 또한 수렵과 채집에서 본격적인 농경사회로의 전환이 시작되었다.

(3) 야마토시대大和時代

AD 300년경부터 시작되었으며, 5세기 한반도에서 많은 사람들이 일본으로 이주하여 살기 시작하면서 대륙의 선진문화는 일본의 식생활에 많은 도움을 주었다. 아스카지방을 중심으로 불교문화가 번성하였으며, 이 시대의 문화를 아스카문화라 부른다. 식물의 가공이 시작되었고, 간장의 히시오(간장에 해당하는 옛날 조미료) 등이 사용되었다.

(4) 나라시대奈良時代

이 시기에는 유제품, 낙농, 식초 등이 등장하고 토기가 일반화되기 시작했다. 율령정치가 시작되었고, 귀족은 화려한 생활을 하였고, 일반백성은 가난, 노역, 과중한 세금에 토지를 버리고 도망가는 일들이 발생하였으며, 귀족과 승려 사이에는 잦은 분쟁이 일어났다. 특히 이 시기에는 생선을 생식하고 향신료와 조미료 등이 사용되었다.

2) 고대 후기

(1) 헤이안시대平安時代

헤이안시대는 794년에 교토를 수도로 정하고 카마쿠라막부가 성립되기까지 400년간 후지와라시대藤原時代를 중심으로 한 궁정귀족의 시대를 말한다. 이 시기에는 당나라와의 교류가 왕성하여 여러 가지 조리법이 행해졌으며, 향응상의 형식이나 연중행사 등이 정해져 일본요리의 기초가 정리되었다. 이 시기에는 신선한 어패류를 생식하는 현존하는 최고의 조리법이라 할 수 있는 '할선'이 유행하였다. 이외에도 전반적으로 자연에 순응하는 조리법인 간단한 끓임이나 구이, 건조 등이 행해졌다.

3) 중세

(1) 카마쿠라시대鎌倉時代

일본요리가 발달된 시기로 약 150년간 무인들이 실권을 잡은 시대이며, 화려한 형식 대신에 검소한 요리로 향연을 베풀고 전시음식이 발달하였으며 1일 3채의 풍식이 시작되었다. 불교의 영향으로 정진요리精進料理, 쇼진요리가 나타나고서부터 일본요리의 기초가 만들어지기 시작했다.

(2) 무로마치시대室町時代

무사의 예법과 함께 다양한 형식과 유파가 발생하고, 본선요리本膳料理, 혼젠요리와 카이세키요리懐石

料理, 회석요리가 등장하기 시작했다. 농업과 어업의 발달로 오늘날 우리가 볼 수 있는 식품이 이때에 갖추어졌으며 간장, 설탕, 다시마, 가다랑어포 등도 많이 사용되었다.

(3) 아즈치모모야마시대安土桃山時代

다도茶道가 완성되고 회석요리가 확립되었다. 스페인, 포르투갈 등과 무역이 왕성해지면서 남반요리南蛮料理가 나타났고, 이로 인해 일본요리가 발전하는 계기가 되었다.

4) 근세

(1) 에도시대江戸時代

에도(東京의 구칭)의 무사가 지배권을 잡은 시기이지만, 후기에 접어들면서 서민이나 도시의 삶들이 요릿집을 이용하게 되었고 이때부터 본선요리, 회석요리의 형식이 구축된 회식요리가 완성되었다. 후기에는 요리의 내용이나 그릇 등이 세련되어지고 오늘날의 수도인 도쿄東京, 교토京都, 오사카大板 등지에서 기초가 되었다.

5) 근대

(1) 메이지시대明治時代

상인들이 사회의 주도적인 세력으로 성장했다. 이러한 개혁으로 일본은 농업중심의 봉건적 사회에서 근대적인 산업국가로 그 모습이 바뀌었다.

(2) 타이쇼시대大正時代

서양문물과 요리가 들어와 일본인들의 빠른 식생활 변화가 생기면서 유제품과 더불어 빵, 커피가 널리 식용되고 증가한 시기이다.

6) 현대

(1) 쇼와, 헤이세이시대平成時代

쇼와시대와 헤이세이시대에 접어들면서 서양의 열강들과 어깨를 나란히 할 정도로 성장하였고, 이 시기에는 서양조리법이 수입되어 서양식, 중화식, 일본식 요리가 다양하게 성행하였다.

제2장 일본요리의 분류

일본은 아시아대륙의 동쪽에 위치하였으며 홋카이도, 큐슈, 혼슈, 시코쿠 등 4개의 큰 섬과 7,000여 개의 작은 섬으로 이루어진 해양성기후의 국가이고, 수도는 도쿄이다.

일본열도는 북동에서 남서로 길게 뻗어 있고 바다로 둘러싸여 있다. 지형적으로 기후에 변화가 많으므로 사계절에 생산되는 재료들의 종류가 많고 계절에 따라 맛이 달라지며, 해산물이 풍부하고 쌀을 주식으로 하며 농산물과 해산물을 부식으로 한다.

1. 지역적인 분류

1) 관동요리關東料理

관동요리는 동경지방을 중심으로 발달한 요리로써, 무가 및 사회적 지위가 높은 사람들에게 제공하기 위한 의례요리로, 맛이 진하고 달며 짠맛이 특징이다. 당시에는 설탕이 귀하게 사용되었던 것으로 보아 그만큼 고급요리였다는 것을 보여준다. 니기리즈시握り壽司 등의 생선초밥과 튀김요리, 민물장어 등 일품요리가 발달하였다.

2) 관서요리關西料理

오사카, 교토, 나라지방 등을 중심으로 발달한 요리이다. 관서요리는 재료 자체의 맛을 살리면서 조리하는 것이 특징으로, 재료의 외형과 색상이 유지되기 때문에 모양이 아름답다. 대표적인 교토요리와 오사카요리가 있는데, 교토요리는 양질의 두부, 채소, 말린 청어알, 대구포 등을 이용한 요리가 많았고, 오사카요리는 생선, 조개류를 이용한 요리가 많았다. 최근에는 약식요리가 많으며, 회석요리가 중심이 된 연한 맛이 특징이다.

2. 형식적인 분류

1) 본선요리本膳料理

에도시대(1603~1866)에 이르러 형식이 갖추어진 요리로, 메이지시대(1868~1910)에 들어오면서 민간인에게 보급되기 시작하여 지금까지 관혼상제 등의 의식요리에 이용되고 있다. 손님접대 요리로 전해 내려오는 정식 일본요리이다.

2) 다회석요리茶懷石料理茶

다석에 제공하는 요리로써 차를 마시면 보약이 되고 장수한다 하여 아주 귀하게 여겼으며 '약석'이라고도 하였다. 무로마치시대의 중기에 이르러 차를 마시는 것을 즐기는 풍조가 유행하기 시작했으며, 현재의 다도 형태가 이루어졌다.

3) 회석요리會席料理

연회용 요리로써 본선요리를 개선하여 에도시대부터 이용하였다. 술과 식사를 중심으로 한 연회식 요리로써 현재 주연요리의 주류를 이루고 있다.

4) 정진요리精進料理

정진요리는 다도가 보급되던 전·후에 서민들에게 전래되었다. 불교전래와 함께 중국의 불교승이 일본에 귀화하는 일이 많아졌고, 대두를 활용하는 청국장, 두부튀김 등 비린냄새가 나는 생선 또는 육류를 전혀 사용하지 않는 불교승의 독특한 요리인 정진요리가 보급되었다.

5) 탁복요리卓袱料理

포르투갈, 네덜란드요리법 등이 많이 있으나, 이 요리의 형식은 중국요리와 에도요리를 혼합한 일본인들이 좋아하는 요리로 만든 것이다. 나가사키의 대표적인 요리로써 탁복의 탁은 '식탁'을, 복은 '식탁을 덮는다'는 의미를 갖고 있다. 몇 사람의 손님을 중심으로 해서 큰 그릇에 담은 요리를 나누어 먹는 것으로 먹는 방법, 식기요리의 배치 방법 등은 중국 형식 그대로 호화스런 요리이다.

6) 보차요리普茶料理

에도시대 중기에 중국 우치의 황벽산 만복사万福寺로부터 퍼지기 시작한 정진요리이다. 일본에 귀화한 은원선사로부터 전해져 중국풍의 원형탁자로 사인일탁四人一卓이며, 한 그릇에 담아 가운데에 놓고 요리를 덜어먹는 것이 특징이다. 불교 특성상 생물을 사용하지 않는 것이 원칙이며, 영양면을 고려하여 두부, 깨, 식물성기름을 많이 사용하는 등 채소와 건어물 조리법이 전해진다.

7) 정월요리御節料理

오세치御節, おせち 요리는 일본에서 정월 1월 1일에 먹는 음식을 말한다. 우리나라의 차례음식처럼 12월 30일, 31일에 만들어 1월 1일 새해가 된 것을 축하하며 가족들과 함께 또는 찾아온 손님들에게 내어놓는 특별한 음식이다. 이런 풍습의 역사는 그리 길지 않고 약 200여 년 전 정도로, 에도시대 말기부터 서민에게까지 퍼져 각 지역의 특색을 지니며 정착하였다. 원래 '오세치'란, 궁에서 사용하는 '오세치쿠御節供'라는 말의 줄임말로 1년 중의 오절구五節句, 1월 1일, 3월 3일, 5월 5일, 7월 7일, 9월 9일로 중국에서 전래된 풍습 시기에 신에게 공양하기 위해 만드는 음식을 말한다.

서민들의 정월음식을 나타내는 용어로는 '호우라이'의 준말로, 후지산의 모양을 본떠서 만들어 학, 거북 등의 길한 것을 장식한 쿠이즈미食積み : 세배꾼에게 대접하는 주안라는 말이 있다.

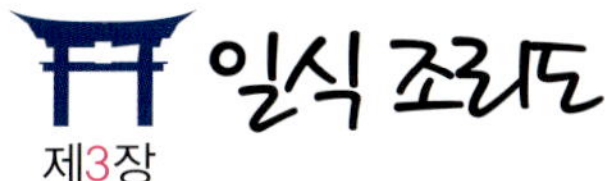

1. 일식 조리도의 특징

일식에서 칼은 재료에 따라 사용되어지는 칼들이다. 그 대표적으로 생선뼈를 가르며 머리, 내장, 몸통 등을 발라내는 데바出刃, 회를 뜨거나 초밥種, 타네을 뜰 때 사용하는 야니기바柳刃, 야채를 손질하고 썰어내는 데에 사용하는 우스바薄刃로 크게 나눈다.

일본요리에서는 주로 외날片刃, 가타하의 칼을 사용한다. 재료를 얇게 자를 수 있고 절단된 면이 매끄럽게 잘리기 때문이다. 칼의 소재는 먼저 스테인리스(은지), 탄소강 함량(황지, 백지, 청지)으로 크게 나눌 수 있고, 탄소의 함량과 포함되는 성분 첨가에 따라 강도와 무게가 결정된다.

- 생선회칼刺身包丁 : 생선회를 썰거나 요리를 자를 때 쓰는 칼로써, 칼날이 예리하며 폭에 비해 길이가 길다. 생선껍질을 벗겨낼 때도 사용한다.
- 야채칼薄刃 : 주로 야채를 손질할 때 사용하며, 칼날이 거의 도마의 표면에 닿도록 되어 있고 무를 돌려깎기桂剥き, 가츠라무키 하는 것에 적합하다. 관동식은 칼끝이 각이 있고, 관서식은 칼끝이 둥근 모양으로 되어 있다.
- 데바出刃 : 칼등이 두껍고 날이 넓은 칼을 말한다. 생선의 비늘을 제거한 후 뼈의 살을 발라낼 때 사용한다.

생선회칼

야채칼

데바

2. 기본 썰기법

일본요리에서는 각각의 재료나 조리방법에 따라 자르는 방법이 다양하다. 그러므로 재료에 따른 요리의 종류, 용도에 따라 익히는 정도, 미각적·시각적 효과는 물론 일의 능률 등을 고려하여 각각의 재료 특징을 잘 살리는 것이 중요하다.

둥글게 썰기輪切り

당근이나 무같이 둥근 모양의 재료를 둥글게 자르는 방법이다. 두께는 요리의 목적에 따라 다르다.

반달 모양 썰기半月切り

둥글게 자른 것을 다시 반으로 자른 모양이다.

은행잎 자르기いちょう切り

무, 당근의 둥근 것을 둥글게 썰기 한 후 십자형으로 자른 모양이다.

부채꼴 모양 썰기地紙むき

둥근채소를 은행잎 모양처럼 자르되, 끝부분을 둥글게 자른다.

어슷하게 썰기斜め切り

모양이 긴 채소 등을 대각선으로 어슷하게 자르는 것으로, 조림요리에 많이 사용한다.

사각 채 썰기拍子木切り

채소를 각 0.5~1㎝, 3~5㎝ 정도의 사각기둥으로 자른다.

주사위 모양 썰기賽の目切り

채소를 가로, 세로 1㎝ 정도의 주사위 모양으로 자른다.

작은주사위 모양 썰기あられ切り

채소를 가로, 세로 0.5㎝ 정도로 자른다.

한입 크기로 자르기小口切り

실파, 오이 등 주로 가늘고 긴 재료를 끝에서부터 적당한 두께로 자른 모양으로, 재료와 요리에도 용도가 넓게 사용된다.

곱게 다지기みじん切り

마늘, 생강, 파슬리 등을 채썰기 한 것을 다시 아주 곱게 다지는 것을 말한다.

채 썰기千六本

채소를 얇게 편으로 자른 다음, 다시 이것을 채 써는 것을 말한다. 폭 2~3㎜, 길이는 5~6㎝ 정도로 가늘게 썬다.

바늘굵기 썰기せんぎり

바늘과 같이 가늘게 자른 모양으로, 주로 생강이나 살짝 구운김 등을 자를 때 사용한다.

얇은사각 썰기短册切り

무, 당근 등을 길이 4~5㎝, 폭 1㎝ 정도로 얇게 자르는 방법이다.

돌려깎기桂剥き

무, 당근 등을 상·하 둘레의 길이가 같은 크기의 원기둥 모양으로 깎은 다음, 이것을 돌려가면서 껍질을 벗기듯이 얇게 깎는 방법이다.

용수철 모양 만들기寄切る

채소를 가츠라무키하여 옆으로 비스듬히 폭 7~8㎝ 정도로 잘라 모양을 잡은 후, 이것을 찬물에 담가놓았다가 다시 한 번 모양을 잡은 후 물기를 제거한 후 생선회 등의 곁들임에 사용한다.

뚜벅 썰기亂切り

둥근채소(우엉, 당근, 오이 등)를 돌려가며 삼각지 형태로 자르는 방법이다.

연필깎기 썰기笹がき

우엉을 조릿대 잎처럼 엷게 연필을 깎듯이 잔칼집을 넣어 자르기 한다.

사각 자르기色紙切り

사각 2.5㎝ 정도의 크기로 얇게 자르는 방법이다.

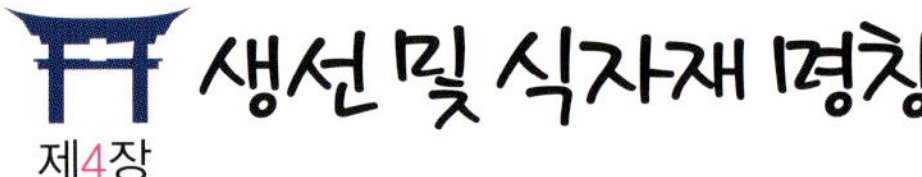

1. 신선한 어패류의 선택 방법

1) 생선魚

눈이 맑고 튀어나왔으며, 살을 눌러보았을 때 탄력이 있어야 한다. 또한 배쪽이 단단하고 비늘이 잘 붙어있어야 하며, 아가미가 선홍색을 띠며 비린내가 심하지 않은 것이 좋다. 생선은 본래 약간의 점액질을 가지고 있는데, 그 점액질이 투명하며 생선이 가지고 있는 본연의 색을 잘 유지하고 있는 것을 선택하여야 한다.

2) 패류貝物

신선한 조개는 서로 두드려보았을 때 맑은소리가 나는 것이 좋으며, 껍질을 제거하고 살을 눌렀을 때 수축이 빨리되는 것이 좋다. 또한 살이 두툼하고 선명하며 탄력이 좋아야 한다. 조개류에서 심한 냄새가 나면 하나하나 냄새를 맡아가며 고르고, 모래나 뻘을 머금고 있는 경우가 많으므로 바닷물 염도(3%)의 소금물에서 해감시켜 사용한다.

2. 일본요리의 각종 생선류

일본은 지리적으로 바다로 둘러싸여 있어 해산물이 풍부하고 그를 이용한 여러 조리법들이 발달한 나라이다. 섬나라 특성상 자연스레 어패류를 이용한 요리가 발달되었으며, 우리가 흔히 알고 있는 생선회, 초밥, 구이, 찜 등이 그 대표적이다.

참돔眞鯛, まだい

농어목 도미과로 몸은 일반적으로 담홍색이며, 육질은 백색으로 맛이 담백하고 지느러미가 길게 뻗어 아름다워서 '바다의 미녀'라고도 부른다. 일본인이 가장 좋아하는 생선이다.

감성돔黑鯛, くろだい

감성돔과에 속한 바닷물고기이며, 몸길이는 약 40㎝로 등쪽이 조금 솟아있는 타원형으로 생겼다. 몸의 빛깔은 암회색이고, 암수 한몸이었다가 생후 5년째부터 암수 딴몸이 된다. 수심이 4~10m의 얕은 바다에 살며 4~6월쯤 산란한다. 우리나라, 중국, 일본 등지에 분포한다. 생선회, 구이용으로 이용된다.

돌돔石鯛, いしだい

돌돔과에 속한 바닷물고기이며 몸길이는 40㎝가 넘고, 몸빛깔은 청흑색으로 옆구리에 일곱 개의 흑색 가로띠가 있으며 주둥이는 흑색이다. 대표적인 연안성 어류로 5~8월경에 산란한다. 우리나라, 중국, 일본 등 남부 연해에 분포한다. 돌돔은 살과 껍질을 모두 이용하여 요리에 사용된다.

광어平目, ひらめ

넙칫과에 속한 바닷물고기로, 몸은 위아래로 넓적한 긴 타원형이며 길이는 60㎝ 정도이다. 두 눈은 몸 왼쪽에 나란히 있고, 왼쪽은 빗비늘, 오른쪽은 둥근비늘이다. 한국, 일본, 남중국해 등지에 분포한다. 우리나라에서 가장 선호하는 횟감용이다.

볼락鮴, めばる

양 볼락과에 속한 바닷물고기이며, 몸은 방추형으로 주둥이는 뾰족한데 이가 밖으로 뻗어나와 있으며 눈이 불거지고 크다. 몸빛은 회갈색에 흑색 가로띠가 있는데, 서식처와 물의 깊이에 따라 변화가 심하다. 태생어(胎生魚)로 우리나라, 일본 등지에 분포한다. 생선회, 구이, 조림 등에 많이 이용된다. 봄이 제철이다.

우럭 曹以, そい

양 볼락과에 속한 바닷물고기이며, 몸은 잿빛에 볼락과 비슷하게 생겼고 네 줄의 가로띠가 옆구리에 있다. 우리나라, 일본연안에 분포한다. 우리나라에서는 광어 다음으로 선호하는 횟감용으로 이용된다.

농어 鱸, すずき

전국적으로 분포하고 주로 연안지대에 살며, 여름에 기수나 담수에 올라오고 수온이 내려가면 바다로 간다.

놀래미 鮎魚女, あいなめ

근해에 서식하고 살이 연한 바닷물고기이다. 봄에 특히 맛이 있으며 머리와 내장, 아가미를 제거하고 통째로 구이용에 많이 이용된다. 우리나라에서는 생선회에도 사용된다.

갈치 太刀魚, たちうお

생김새가 길다란 칼 모양을 하고 있으며, 머리를 위로하여 곧게 선 상태로 헤엄쳐 이름이 붙여졌다. 초여름이 적기이며 필수아미노산이 고루 함유된 단백질 공급식품으로 회, 구이, 조림, 국 등에 사용된다.

방어 鰤, ぶり

전갱이과에 속하는 바다생선으로 고급어에 속하고, 우리나라의 남해안에 많이 분포한다. 온대성 어류로 1m 이상 자라며, 기름기가 많고 부드러워 생선회나 간장구이 등에 많이 이용된다.

쥐치皮剝, がわはぎ

복어목 쥐치과의 바다생선으로, 색은 회갈색이고 흑갈색의 작은 얼룩을 가지고 있다. 딱딱한 뼈는 연하여 통째로 썰어 회로 먹으며 넓게 펴서 말린 것을 구이로 이용된다.

대구鱈, たら

머리가 크고 입이 커서 대구라고 부른다. 비린맛이 없고 담백하며 살이 부드럽다. 겨울철에 냄비요리에 많이 사용된다.

학꽁치細魚, さより

작고 통통한 것이 맛이 좋으며 주로 구이나 생선회, 튀김용으로 사용된다.

삼치鰆, さわら

농어목 고등어과에 속하는 바닷고기로 고등어, 꽁치 등과 함께 대표적인 등푸른생선이다. 고등어에 비해 수분이 많고 살이 부드러우며 주로 구이로 많이 이용된다. 일본에서는 아침에 먹는 생선이다.

고등어鯖, さば

육질의 색은 붉은색으로 살의 조직력과 맛이 좋으며 구이나 조림으로 많이 이용된다. 신선한 경우에는 식초에 절인 후 생강과 함께 먹기도 한다.

전갱이鯵, あじ

모든 계절이 적기로, 여름에 특히 맛이 좋으며 어획량은 봄, 가을이 가장 많다. 일본에서는 회로 즐기기도 하고 구이, 초회(난반츠케) 등에 다양하게 이용된다.

가다랑어鰹, かつお

태평양, 인도양, 대서양의 따뜻한 바다에 서식한다. 단백질이 풍부하고 열량이 낮으며 주로 타타키 형태로 요리하여 먹는다. 일본에서는 마른 가다랑어를 얇게 밀어 국물을 낼 때 많이 사용된다.

참치鮪, まぐろ

참치는 전세계에 7종류가 있으며, 일반적으로 북반구와 남반구로 나뉘어 서식하고 고단백이면서 저지방 저칼로리 어종으로 DNA, EPA 등을 함유하여 뇌세포활성 기능이 있다.

붕장어鱇, あなご

우리나라 전 연근해와 일본국해도 해역에 분포하는데, 바다에서 서식하는 장어류 중에서 가장 맛이 좋다. 튀김, 맑은국 등에 이용된다.

은어鮎, あゆ

맑은물을 좋아하며 어릴 때 바다로 나갔다가 다시 하천으로 돌아오는 회귀성 어류이다. 회나 소금구이 등으로 이용하며, 특유의 수박맛이 나는 생선이다.

가리비帆立貝, ほたてがい

추운바다의 연안에 서식하며 담백하고 독특한 풍미가 있다. 회로 먹거나 구이요리로 많이 사용되고, 초회나 국물요리에 잘 어울린다.

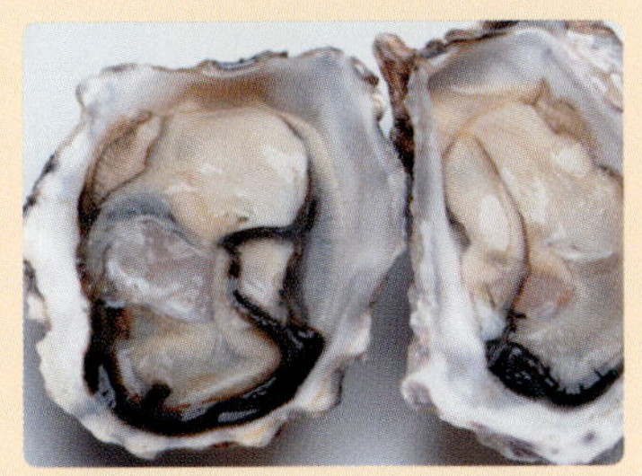

굴牡蠣, かき

동서양을 막론하고 최고의 해산물 중 하나이다. 살은 두껍고 광택이 있으며 유백색인 것이 좋고, 무를 간 것이나 소금물에 깨끗이 씻어서 사용하면 좋다.

키조개平貝, たいらがい

키조갯과에 속한 연체동물이다. 껍데기는 길이가 35㎝ 정도로, 키 또는 부채 모양이며 암녹색을 띤다. 산란기는 7~8월로 얕은 바닥의 진흙 또는 모랫바닥에서 살며, 특히 후폐 각근은 조개관자[貝柱]라 하여 사람들에게 인기가 좋다. 봄이 제철이다.

피조개赤貝, あかがい

연체동물 이매패강 돌조개목 돌조갯과에 속한다. 껍데기는 흑갈색의 달걀 모양이며, 표면에는 42~43개의 부챗살 맥이 있다. 살은 붉은색이며 단맛이 있다. 우리나라, 중국, 일본 등지에 고운모래 뻘에서 서식한다. 초회, 초밥용(たね, 타네)에 많이 이용된다.

뿔소라榮螺, さざえ

뿔소랏과에 속하는 고둥이다. 몽둥이 모양으로 껍데기는 엷은갈색, 가시는 자갈색이다. 껍데기는 십층 정도이고 자루부분에 길고 강한 가시가 많다. 식용을 하며 열대의 20m 깊이 모래땅에서 산다. 우리나라 전 연안에서 볼 수 있다. 봄에 가장 맛이 좋다.

백합조개蛤, はまぐり

상합·생합·대합·피합·참조개 등의 방언으로 불리기도 한다. 껍데기 표면은 암갈색에서 회백갈색까지 다양하며, 매끈하고 광택이 난다. 또 흑갈색의 넓은 띠가 팔자(八字) 모양을 하고 있으며, 안쪽 면은 흰색이다. 뒤쪽 끝이 뾰족한 편이며 양 껍데기를 닫으면 사이에 틈이 벌어진다. 맑은국, 구이 등에 이용된다.

새조개鳥貝, とりがい

새조갯과에 속한 연체동물이며 껍데기는 둥근 모양이고 볼록하다. 껍데기 표면은 빗살 모양의 맥이 있고 잔털이 나있다. 수심 10~30m의 진흙 바닥에서 산다. 우리나라 남해안, 일본, 대만 등지에 분포한다. 맛이 닭고기 맛과 비슷하다.

전복鮑, あわび

전복과에 속하는 조개이다. 몸은 길둥근 꼴이고, 껍데기의 빛은 갈색 또는 푸른빛을 띤 자갈색이며 등에 구멍이 줄지어 나있다. 살은 식용을 하고 껍데기는 한약재로 쓰인다. 우리나라, 일본 등지에 분포한다. 내장이 짙은 녹색을 띠는 것은 암놈, 노란색을 띠는 것이 숫놈이다. 회, 구이, 죽 등에 이용된다.

성게알雲丹, うに

껍질에 많은 가시가 있으며 식용부위는 산란기의 난소이다. 빛깔이 농후하며 감칠맛과 향이 있다. 초밥, 회, 국 등에 이용된다.

보리새우車海老, くるまえび

갑각류 보리새웃과에 속한 새우이며 몸길이는 25~30㎝ 정도이다. 갑각은 매끈하고 털이 없다. 꼬리 마디의 등 중앙에는 깊고 뚜렷한 홈이 있으며, 온몸에 걸쳐 열 줄 내·외의 진한 가로줄 무늬가 있다. 몸빛은 연한 청색, 적갈색, 검은색 따위로 변이가 크다. 칼슘이 풍부하여 골다공증에 좋고 날로 먹기도 하지만, 튀김요리에서 최고의 재료이다.

단새우甘海老, あまえび

정식 명칭은 북국 적새우이다. 붉은색이 나며 단맛이 난다. 회로 먹기도 하지만 초밥용 재료로 가장 널리 이용된다.

해삼海鼠, なまこ

극피동물 문해삼 강에 속하며 그 종류는 500여 종이나 된다. 단백질, 칼슘, 철 등 무기질이 풍부하여 소화가 잘되고 비만예방에 효과적이다. 이 밖에도 효능이 인삼과 같다고 하여 바다의 인삼이라 이름지어졌다.

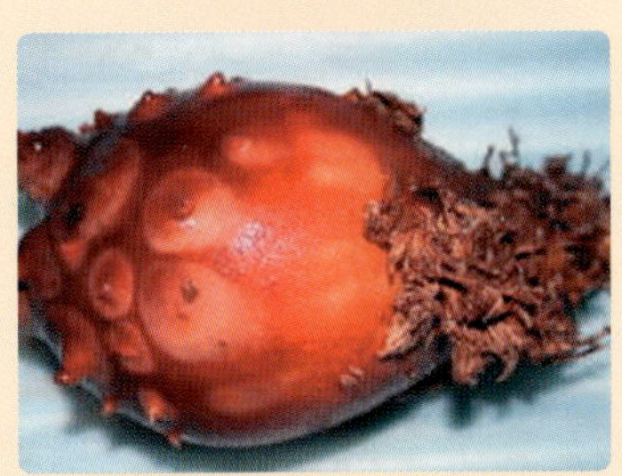

멍게海鞘, ほや

몸빛깔은 보통 붉은색 또는 오렌지색이나 가끔 갈색이나 흰색도 있다. 한국과 일본에 널리 분포하며 식용으로 양식하고 있다.

오징어鰑烏賊, するめいか

연체동물 두족강 오징어과에 속한 동물을 통틀어 이르는 말이다. 몸은 머리, 몸통, 다리의 세 부분으로 되어 있다. 머리부에는 열 개의 다리가 붙어 있고 모든 다리에는 빨판이 있다. 다른 다리보다 긴 다리인 두 개의 촉완(觸腕)은 먹이를 붙잡는 역할을 한다. 적을 만나면 먹물을 토하고 달아난다. 12월에서 1월 사이가 가장 맛있으며, 모든 요리에 다양하게 이용된다.

문어蛸, たこ

연체동물 두족류 낙지과에 속한 바닷물고기이며, 몸통은 주머니 모양이고 머리에는 크고 잘 발달한 눈과 8개의 발이 있는데, 수컷의 세 번째 발은 생식의 역할을 한다. 몸 표면에 작은 유두(乳頭)가 많고, 몸빛은 보통 자색을 띤 갈색이며 환경에 따라 변한다. 위험을 느끼면 먹물을 내뿜어 상대의 감각기관을 마비시키기도 한다. 살은 연하고 맛이 좋아 회로 먹거나 말려서도 먹는다. 우리나라, 일본 등지에 널리 분포한다.

3. 일본요리의 각종 식재료

일본요리는 계절감을 매우 중시하며 맛, 형태, 색 그리고 영양적인 면을 고려하여 그 계절에 생산되는 채소를 섭취하기 때문에 요리의 풍미를 더한다.

송이버섯松茸, まつたけ

독특한 솔잎향을 가지고 있다. 가을에 풍미를 가진 대표적인 버섯이며 소금구이, 덮밥, 생으로 많이 사용되고 있다.

표고버섯椎茸, しいたけ

송이버섯과의 버섯으로 색이 선명하며 살이 두껍고 속이 하얀 것이 좋다. 식이섬유가 풍부하고 혈압을 낮춘다. 육수용으로도 이용된다.

팽이버섯えのき

사계절 인공재배하고 있고, 주로 전골이나 찌개 등 각종 냄비요리의 곁들임이나 국물요리의 건더기로 사용된다.

오이胡瓜, きゅうり

수분이 많고 이뇨효과가 있어 부기를 빼는 데 좋다. 생채소로 많이 사용되며, 일본요리에서는 무침이나 절임 등에 많이 이용된다.

가지茄子, なす

원산지는 인도이며, 가지의 보라색은 안토시아닌 색소에 항암효과가 있는 것으로 알려져 있다. 튀김, 구이, 무침 등 다양한 요리에 이용된다.

당근人参, にんじん

영국이 원산지이며 14세기경 중국에서 일본으로 유입되었다. 일본 내 주산지는 북해도이며 단맛이 난다. 조림, 무침 및 각종요리에 곁들임으로 많이 이용된다.

호박南瓜, かぼちゃ

캄보디아로부터 유입되어 카보차라 부르게 되었다. 호박의 종류는 상당히 많은데, 일본에는 주로 단호박을 이용한다.

오쿠라オクラ

당질이 많고 비타민 C 등을 함유하고 있다. 살짝 데쳐서 무침, 샐러드 등에 이용한다. 다져서 섞으면 독특한 점액질이 생긴다. 우리나라에서는 많이 이용되지 않는 채소이다.

산마山芋, やまいも

늦가을부터 봄까지가 제철이며 각종 무기질이 풍부한 알칼리성 식품이다. 직접 갈아서 즙으로 마시는 경우도 있고 조림, 구이, 생채소로 사용된다.

연근蓮根, れんこん

표면이 희고 상처가 없으며 굵은 잘 여물어 묵직한 것이 좋다. 마디가 짧으며 육질은 부드럽고 끈적끈적하다. 모양이 긴 것이 수놈으로 조림용으로 좋고, 짧고 동그란 것이 암놈으로 샐러드, 장아찌용으로 좋다.

죽순筍, たけのこ

대나무의 어린순으로 봄이 제철이다. 아침 해가 뜨기 전에 수확한 것이 좋다. 떫은맛이 강하므로 쌀뜨물에 담가 사용하는 것이 좋다. 많은 요리에 이용된다.

토란里芋, さといも

점성이 강하고 약간 부드럽다. 우리나라에서는 명절에 주로 국물에 이용된다. 조림, 튀김 등에 사용된다.

무순貝割, かいわれ

비타민 C가 다량으로 함유되어 있어, 어혈을 풀어주고 혈액순환을 원활하게 하며 부종을 해소시켜 준다. 무의 새순으로 생선 외의 곁들임에 사용된다.

고추냉이山葵, わさび

일본의 시즈오카 특산물이며 맑은물이 흐르는 곳에서 자생한다. 고추냉이는 곱게 갈수록 향이 강해지며 칼등으로 다지면 매운맛이 점점 강해진다. 고추냉이의 매운맛은 약 15분 정도밖에 지속되지 않으므로, 고급 일본요리점에서는 즉석에서 고운 상어가죽껍질 강판에 갈아주기도 한다. 생선회의 곁들임, 아이스크림 등에 이용된다.

레몬レモン

귤 속의 과일이다. 강한 신맛이 나며 과즙, 껍질, 과육 모두 요리에 사용되는데, 특히 염기성인 비린내를 제거하고 맛을 살린다. 감기예방, 피로회복에 좋은 비타민 C의 함량이 많은 식품이다.

영귤スダチ

일본의 도쿠시마가 원산지이며 초(酢)를 짜는데 쓰이는 귤의 일종이다. 일본에서는 생선회나 구이의 곁들임 등에 사용되며 각종 소스나 음료 등에도 많이 이용된다.

유자柚子, ゆづ

여름의 푸른유자는 맛이 맑고, 가을부터 겨울의 황금유자는 향기가 좋다. 감기와 피부미용에 좋고 피로를 방지하는 유기산이 많이 함유되어 있다. 소스나 음료 등에도 많이 사용된다.

차조기青紫蘇, あおしそ

중국이 원산지로 우리나라 들깨와 비슷하다. 깻잎과 다른 독특한 향이 있으며, 일본요리에서는 생선회와 잘 어울린다. 식중독예방에 도움이 되는 채소 중 하나이다.

산초잎木の芽, きのめ

일반적으로 산초의 잎을 말하며, 봄에 핀 푸른잎이 향기도 좋고 몸에도 좋다. 국물요리, 초회, 된장무침 등에 이용된다.

땅두릅獨活, うど

두릅 중 가장 고급에 속하며, 향기가 뛰어나고 씹히는 맛이 사각거리며 담백한 맛이 일품이다. 흰색으로 굵기가 일정하고 윤기가 나는 것을 선택한다. 3~6월이 제철이다.

생강대金時生姜, きんときしょうが

매운맛이 강하며, 단촛물에 넣어 매운맛을 제거한 후 야키모노에 곁들임으로 많이 이용된다.

생강生姜, しょうが

특유의 향기와 매운맛이 나는데, 진저롤이라는 성분이 있다. 생선의 비린맛을 제거하는 데 이용된다. 성인병이나 동맥경화를 예방한다.

순채蓴菜, じゅんさい

수련과의 다년생 수초로 연못이나 강에서만 자생하는 것으로 알려졌으며, 봄부터 초여름이 제철이다. 초여름의 것이 녹색으로 향기가 좋으며 부드럽고 풍미가 있다. 초회, 맑은국, 된장국 등에 이용된다.

파드득나물三つ葉, みつば

잎이 세장이라 셋잎 또는 삼엽채라고 하며 참나물과 비슷하다. 독특한 향이 있어 국물요리의 곁들임이나 무침요리에 많이 이용된다.

4. 일본요리의 조미료

1) 소금塩

소금은 가장 기본적인 조미료 중 하나로, 짠맛을 가미하는 것뿐만 아니라 음식에 여러 가지 영향을 주어 요리에는 빠질 수 없는 필수품이다.

(1) 소금의 역사

일본에는 외국에서 찾을 수 있는 암염이나 지하함수가 없다. 승문시대(신석기)에는 해수로부터 제염할 수 있게 되었다고 하며, 토기에서 바짝 졸인다. 소수취 또는 해초에 바닷물을 뿌려 농축하고 그것을 구워 해수에 녹여 졸인다. 조염소가 행해졌는데, 9세기경부터 양빈식의 염전법이 시작되어 에도시대에는 소금을 조수간만을 이용하여 해수를 끌어들이는 입빈식과 함께 널리 보급되었다. 기술적인 변화를 보면 전쟁 후까지 염전법이 이어지지만, 1972년부터 이온교환막을 이용하여 해수를 농축시키고, 그것을 졸여서 소금을 만드는 방법이 들어왔다. 그밖에 해수의 천일염(염전의 해수를 태양열이나 풍력으로 증발 결정시킨 바다소금)을 다시 제조 가공하였는데, 소금은 오랫동안 전매제도가 막혔지만 1997년부터 폐지되었다.

(2) 소금의 사용법

소금은 온도가 높아질수록 혀의 감촉이 부드러워지고, 뜨거울 때는 적당한 염가감[짜기]이라도 식으면 짜게 느껴지므로 많이 넣지 않도록 주의한다. 조림 등에 설탕과 함께 사용될 때는 설탕을 먼저 넣고 맛이 스며들고 나서 소금을 첨가하는 것이 좋다. 이는 소금이 재료의 수분을 끌어당기는 구조로서 설탕이 스며들기 어렵기 때문이다. 습한 경우에는 빈냄비에 넣어 약한불로 가볍게 볶은 후 사용한다.

(3) 소금의 활용

짠맛을 가미하는 것 이외에도, 여러 가지 역할을 한다.

① 침투압 작용에 의해 수분을 끌어낸다.
② 효소정지 작용이 있어 과일 등의 갈변을 막는다.
③ 단백질을 녹이는 작용에 의해 생선의 으깬 어육의 점착성을 늘린다. 또는 소맥분의 점성을 낸다.

④ 식물의 색소인 클로로필을 보호하여 야채의 색을 유지하며, 데칠 수 있다.
⑤ 식물의 세포막을 부드럽게 하기 때문에, 야채를 데치면 부드럽게 할 수 있다.
⑥ 방부작용이 있다.

(4) 소금의 종류

● 식염食塩

이온교환막법으로 제조된다. 염기성탄산마그네슘을 첨가하지 않아서 녹기가 쉽다. 조리용으로 일반적인 소금이다.

● 병염並塩

이온교환막법에 의한 것이다. 고염(염화마그네슘 등)을 첨가한 것으로, 생선을 절이거나 그밖의 절임간장 제조나 염장가공에 이용된다. 병염에 고염을 더 첨가하여 촉촉하게 한 신가정염新家庭塩도 있다.

● 정제염精製塩

해외의 천일염을 녹여서 재제가공한 것이다. 염기성탄산마그네슘을 첨가했으며 보송보송하다.

● 식탁염食卓塩

정제염과 같은 방법으로 만들지만, 염기성탄산마그네슘을 다량으로 첨가한 것이다. 국물 등에 사용하면 국물이 탁해지기 때문에 요리에는 적당하지 않다.

● 정물염精物塩

해외의 천일염을 세정 분쇄하여 사과산, 구로산 등을 첨가한 것이다. 입자가 조밀하고 식용으로는 직접 사용하지 않는다.

● 특수제법염特殊製法塩

특수한 제조방법으로 만든 소금이며 고염, 깨 등의 식품을 섞은 것이다.

2) 설탕砂糖

설탕의 원료는 사탕수수와 사탕무 등이 있다. 사탕수수로 만든 것을 '감자당', 사탕무로 만든 것을 '감채당'이라 한다. 또 제법의 차이로 당밀을 포함한 '함밀당'과 감밀을 분리시킨 '분밀당'으로 분류된다. 분밀당은 정제하여 정제당이 되고, 결정이 커 수분이 적은 굵은설탕(하드슈가), 결정이 작게 하여 전화당을 추가하여 촉촉하게 한 차당, 소프트슈가 분당, 각설탕 등의 가공설탕으로 나뉜다. 일본에서 주로 사용되는 설탕은 다음과 같이 분류된다.

일본 설탕의 분류

<table>
<tr><td rowspan="11">설탕</td><td rowspan="2">함밀당</td><td colspan="2">흑설탕</td></tr>
<tr><td colspan="2">백설탕</td></tr>
<tr><td rowspan="9">분밀당</td><td rowspan="3">굵은설탕</td><td>백설탕</td></tr>
<tr><td>중간굵기설탕</td></tr>
<tr><td>보통설탕</td></tr>
<tr><td rowspan="3">차당</td><td>상백당</td></tr>
<tr><td>중백당</td></tr>
<tr><td>삼온당</td></tr>
<tr><td rowspan="3">가공당</td><td>분사당</td></tr>
<tr><td>분사당</td></tr>
<tr><td>분사당</td></tr>
</table>

(1) 설탕의 역사

사탕수수는 기원전 4세기에 인도에서 재배되었다는 기록이 있다. 일본에는 나라시대에 당唐에서 들어온 이래 외국에서 수입해 왔다. 17세기 오오시마에서 최초로 사탕수수가 재배되었고, 에도시대 말기에 국내생산이 시작되기까지는 귀중품으로 취급되었다. 설탕 이외의 감미료로써 옛 일본에서는 감갈甘葛의 담쟁이덩굴이라고 하는 식물에서 단즙을 채취하여 그것을 감미료로 사용하였다. 건조한 감차의 잎을 달인 것도 천연 감미료 중의 하나이며, 사탕무에서 설탕이 만들어진다는 것을 발견한 것은 18세기로 그 역사는 매우 짧다.

(2) 설탕의 조리효과

설탕은 그 제조법에 따라 순도나 결정의 크기가 각각 다르고 풍미도 다르기 때문에, 요리나 소재에 따라 사용이 갈린다. 상백당보다 삼온당은 복잡한 감미가 있고, 흑설탕은 더욱 깊은 맛이 있다. 그것은 보통 낮을수록 복잡한 풍미를 갖고 단맛이 강하며, 순도가 높을수록 단맛은 담백하고 깨끗한 느낌이 되기 때문이다. 수수한 맛의 절임에는 상백당 또는 적당량의 삼온당이나 흑설탕을 사용한다. 구이의 소스류(조미용 국물)에는 그라뉴당이나 빙설탕 등 깨끗한 감미의 설탕을 사용하는데, 사용법에 따라 나누는 것이 좋다.

(3) 설탕의 반응 및 역할

단맛을 가미하는 것 이외에도 여러 가지 영향이 있다.

① 보수성이 강하고 건조를 방지하는 등 보존성을 높인다.
② 단백질의 응고성을 늦춰 달걀구이 등의 부드러움을 높인다.
③ 가열하면 단백질과 반응하여 좋은 색을 내며 향이 좋아진다.
④ 물에 녹기 쉽고 결정이 되기 쉽다.

(4) 설탕의 종류

● 흑설탕黑砂糖

흑설탕은 사탕수수의 즙을 졸여 굳힌 것이다. 정제하지 않기 때문에 쓴맛이 강하고 깊이 있는 감미와 독특한 풍미가 있다. 칼슘이나 철분, 비타민류도 많이 포함되어 있는데, 당도는 낮지만 단맛은 강하게 느낄 수 있다. 색의 상태를 신경 쓰지 않는 조림에 사용하면 더욱 깊을 맛을 낼 수 있고, 오키나와가 주생산지이다.

● 화삼분和三盆

화삼분은 감채당의 일종이다. 상하당(작은 결정이 섞인 반각 형태의 설탕)을 원료로 하여 독특한 제법으로 만들어졌다. 물을 더해 손으로 몇 번 주물러 분밀시켰기 때문에, 분밀당과 함밀당의 중간 성질을 갖는다. 결정이 굉장히 세밀하며 적당한 습기가 있고, 화과자의 기구(전화자)에 사용되는 경우가 많다.

● 상백당上白糖, 중백당中白糖, 삼온당三溫糖

'설탕'이라 하면 보통 상백당을 가리키며, 일반적으로 조리용으로 사용된다. 촉촉하여 녹기가 쉬우며 비스코라 부르는 전화당을 첨가하고 있기 때문에, 강한 단맛을 느낄 수 있다. 순도에 따라 상백당, 중백당, 삼온당으로 분리된다. 중백당은 약간 화색을 띠며 상백당보다 단맛이 약간 적다. 삼온당은 순도가 가장 낮고 황갈색으로 전자(해물조림 총칭)나 제과 등 업소용으로 사용되어진다.

● 굵은설탕ざらめ糖

결정이 크고 순도가 상당히 높으며 상품의 단맛이 있다. 백색의 굵은설탕과 조금 정제도가 낮은 황갈색의 중간 굵은설탕이 있다.

● 그라뉴당グラニュ糖

굵은설탕의 일종이다. 결정이 작고 보슬보슬하여 녹기가 쉽다. 순도가 높으며 쓴맛이나 냄새가 적다. 상품으로 깨끗한 감미가 있다. 커피나 홍차 등의 음료용·제과용으로 자주 사용된다.

● 분사당粉砂糖

백색의 굵은설탕이나 그라뉴당을 곱게 분쇄한 가공당이다. 옥수수전분을 첨가해 습기를 막아주며 슈가 파우더라고도 부른다.

● 얼음설탕氷砂糖

정제당을 큰 알갱이로 결정화시켜 가공한 당이다. 순도가 높고 상품의 감미로 입자가 크기 때문에 천천히 녹는다. 매실주 등의 과실주 제조에 사용된다.

● 물엿水あめ

설탕 이외의 감미료로 전분으로 만든다. 산을 이용하여 만든 산당화엿과 맥아의 산소를 이용하며 만든 맥아당엿이 있는데, 시판되는 대부분은 산당화엿이다. 투명하고 끈기가 있으며 가벼운 감미를 갖는다. 결정되지 않기 때문에 설탕과 병용하며, 식감을 부드럽게 하고 광택을 좋게 한다.

3) 간장醬油

대두나 유지대두, 소맥을 원료로 해서 누룩을 만들고, 식염수를 더해 누룩을 만들어 그것을 발효, 숙성시켜서 짠다. 그것을 생간장이라고 부르며, 또한 가열한(살균) 것을 간장이라고 한다. 숙성에 따라 독특한 색, 맛, 향이 난다.

(1) 간장의 역사

'간장'이라는 말이 최초로 일본문헌에서 표현된 것은 무로마치시대였다. 그 기원은 중국에서 전해와 '곡장'이라는 말이 있고, 가마쿠라시대에는 선승(불교의 한 종파 참선하는 중)이 송나라에서 전해와 괴이사된장(볶은콩과 보리누룩을 섞고 월과, 가지, 차조기 썬 것 등을 담근 막장. 중국 괴이사

怪山寺의 제법을 전해받은 것)에서부터 나온 액을 요리에 사용한 것이 시초라는 이야기가 있다. 이로부터 일본에서 독자적으로 개발하여 현재의 간장이 되었다.

(2) 반응 및 역할

① 염분이 다량으로 함유하고 있기 때문에 삼투압 작용이 강하다. 또한 수분을 끌어낸다.
② 어류, 육류 등의 비린내를 방지한다.
③ 방부작용을 한다.

(3) 간장의 종류

● 진한간장濃口醬油

일반적으로 간장이라고 하면 이것을 말하며, 간장 생산량의 약 80%를 차지한다. 치바현 조자시나 야전시가 산지로서 유명하지만, 지금은 전국적으로 생산되고 있다. 색이 진하고 향이 좋은 것이 특징이며, 염분은 18% 정도로 일반적으로 요리에 폭넓게 사용된다.

● 엷은간장薄口醬油

효고현 타즈노지방이 생산지로, 관서를 시작으로 하였으며 일본에서 주로 사용된다. 제조공정은 진한 간장과 같지만, 엷은 색을 내기 위해서 철분이 적은 물을 사용하며 모로미もろみ: 아직 거르지 않은 술이나 간장에 감주를 더해 거른다. 진한 간장보다 염분은 약 2% 정도 높으나 색이 엷고, 향과 맛도 깔끔하기 때문에 야채나 흰 생선 등 소재의 색과 맛을 살리는 요리에 적합하다.

● 타마리간장たまり醬油

대두를 주원료로 하여 다른 간장과 달리 소맥을 사용하지 않는다. 숙성된 모로미もろみ의 유출액을 가열하지 않은 채로 제품화한다. 맛은 진하고 약간의 단맛이 있지만, 향이 적고 콩된장과 비슷하다. 아이지愛知, 기부岐阜, 미에三重가 주생산지이다. 사시미간장, 소스, 졸임의 청감을 얻기 위해 사용한다. 온도나 산소의 영향을 받기가 쉬워 완전 밀폐하여 냉장고에 보관한다.

● 재공정간장再仕込み醬油

진한간장의 일종으로 감로간장이라고 한다. 가열하지 않은 진한 간장에 누룩을 더하여 숙성시킨 것이다. 진한 색, 맛, 향이 있어 진한 맛의 식물 등 색이나 향을 낼 때 이용한다. 야마구치山口, 히로시마広島, 미에三重가 산지이다.

● 백간장白醬油

소맥을 주원료로 하여 걸러낸 대두와 함께 숙성시켜 소금물에 절여 만든 것이다. 연한간장보다 더 색이 연하고 단맛이 적으나 독특한 누룩의 향이 있다. 연한간장과 마찬가지로 국물이나 절임에 사용하는 것이 좋다.

● 생선간장魚醬油

생선류나 그 내장으로 만든 간장풍의 조미료간장이다. 재료를 소금에 절이고 산소에 발효시켜 거른 액으로, 재료의 단백질을 이용해 아미노산이 생성되어 독특한 향, 맛이 있다. 냄비요리의 조미료(카쿠시아지)로 사용된다. 독특한 향이 있을수록 상품으로 분류된다. 아키다秋田의 숏츠루しょっつる; 아키다지방의 독특한 조미료 멸치젓과 비슷함, 이시가와石川의 이시루いしる; 생선간장 종류 등이 있다.

4) 식초酢

식초에는 양조식초와 합성식초가 있다. 양조식초는 곡물, 과실 등을 초산균을 사용해 발효시킨 것이고, 합성식초는 빙초산을 물에 희석하여 여러 가지 식품첨가물을 더한 것이다.

양조식초 중에 곡물식초는 쌀, 옥수수, 밀 등 곡물원료의 사용량이 식초 1L당 40g 이상의 것이고, 과실식초는 과즙원료의 사용량이 1L당 300g 이상이다. 이것은 상당히 많은 유기산과 아미노산을 함유하고 있기 때문에 순한 맛과 향을 가지고 있으며, 엷어져도 산미가 사라지지 않는 것이 특징이다.

합성식초는 양조식초의 함유 정도나 양조식초가 아님을 표기하여야 한다. 콕콕 쏘는 냄새가 있으며, 감칠맛이나 부드러움이 적다. 이 두 가지의 특징은 다음과 같이 분류된다.

양조식초와 합성식초의 특징

	양조식초	합성식초
향	향이 부드러우며 깊다.	콕콕 찌르는 자극적인 냄새가 난다.
맛	감칠맛이 있으며 부드럽고 뒷맛이 깔끔하다.	강한 삼미가 혀를 자극하여 떫은맛이 입안에 남는다.
퍼짐	엷어져도 물 같지가 않다.	엷어지면 효능이 약해진다.
침투력	생선에 뿌리면, 적당한 시간에 중심까지 식초가 침투한다.	생선 표면에 뿌리면 중심까지 식초가 침투하지 않는다.
가열	가열을 해도 풍미가 그대로이다.	가열을 하면 향이 날아가고 산미만 남는다.

(1) 식초의 역사

식초의 역사는 매우 오래되었다. 서양과 동양에서도 기원전에 그 존재가 기록되어 있다. 일본에는 중국으로부터 그 제법이 전해졌고, 645년쯤에는 이미 식초의 양조를 담당하는 관리직이 있다고 문헌에 남아있다. 에도시대에는 식초의 양조법이 확립되었고, 현재에 와서 쌀식초를 만들었다.

(2) 식초의 역할

① 야채, 과일 등의 갈변을 방지한다.
② 발색작용이 있어 생강, 토란줄기 등을 빨간색으로 변하게 한다.
③ 단백질 응고작용을 한다.
④ 살균작용과 보존력이 강하다.

(3) 식초의 종류

● 쌀식초米酢

양조식초의 하나이다. 쌀의 전분을 쌀누룩으로 당화시킨 후 모주로 알코올을 발효시키고, 거기에 초산을 발효시켜 제조한다. 산 1L당 쌀의 사용량이 40g을 넘은 것을 쌀식초라 하며, 쌀만으로 만든 것을 순쌀식초라고 한다. 독특한 감칠맛과 부드러움이 있으며, 신맛이 그대로 요리의 맛이 되는 스시식초 조미요리에 사용된다. 그 밖에 현미식초나 특별한 제법의 항아리식초도 있다.

● 맥아식초麦牙酢

곡물식초의 하나이다. 대맥, 호밀, 소맥, 옥수수 등을 당화시켜 만든다. 향이 부드럽고 감칠맛이 있다.

● 사과식초りんご酢

과실식초의 하나이다. 사과의 과즙 사용량이 1L당 300g 이상의 것이며, 초산 외의 사과산도 포함되어있기 때문에 산뜻하다. 케첩, 마요네즈, 드레싱, 서양풍의 식초음식에 많이 사용하고 열게 하여 건강음료로도 마신다.

5) 된장味噌

된장은 대두를 주원료로 소금과 누룩을 더해 발효시킨 것이다. 누룩의 종류에 따라 쌀된장, 밀된장, 콩된장으로 크게 나눈다. 대두에 더한 쌀누룩이나 밀누룩의 양이 많을수록 염분을 적게 하고 숙성기간을 짧게 한다.(콩된장은 제외) 또한, 염분이 적은 것(6% 정도)을 단맛된장, 많은 것을(12% 정도) 매운맛된장으로 분류하거나 원료의 배합비, 숙성기간, 대두를 찌는가 삶는가에 따라 색이 다르다. 적색, 담색, 백색 3가지로 구분된다.

(1) 된장의 역사

된장의 기원은 고대 중국의 간장이다. 일본에서는 직접 중국에서 또는 조선반도를 경유하여 나라시대에 전해졌다. 당시는 밀조라 불렸고, 헤이안시대에 시장에서 판매되었다. 무로마치시대에 일반서민들에게 알려졌으며, 에도시대에 공업적으로 생산하기 시작하여 현재까지 전해오고 있다.

(2) 된장의 사용법

미소시루에는 적미소와 백미소를 섞어 사용하는 것도 있으나, 그 배합을 계절에 따라 바꾸는 것이 좋다. 여름에는 적미소를 많이 넣어 개운하게 하고, 겨울에는 백미소를 많이 넣어 깊은 맛을 낸다. 적된장은 향이 날아가기 때문에 넣고나서는 펄펄 끓이지 않고, 백미소는 숙성이 적기 때문에 조금 끓이면 향이 누그러진다. 보관할 때는 공기 중에 닿지 않도록 밀폐하여 냉암소나 냉장고에 보관한다.

(3) 된장의 종류

● 쌀된장米味噌

전국에서 가장 많이 만들어지며 대두, 멥쌀의 쌀누룩, 소금은 원료배합이 여러 가지이나, 쌀누룩의 함량이 대두의 ½부터 동량 정도이다.

● 센다이된장仙台味噌

향이 좋고 매운맛도 강한 적미소이다. 센다이가 발산지이나 동계통의 미소로 해협미소(츠카루), 에치고미소, 사도미소 등이 있다.

● 신슈된장信州味噌

이 명칭은 나가노현의 미소조합의 단체등록상표이다. 색이 옅은 매운맛 미소의 대명사로 알려져 있다. 쌀미소가 태반이지만 보리누룩을 사용하는 것도 있다. 깔끔한 매운맛으로 전국적으로 찾는 이가 많다.

● 백된장白味噌

쌀누룩의 배합량이 많고 염분도 6%로 적어 단맛이 있고 향이 좋다. 교토의 사이코미소나 시코쿠의 사누키미소가 있다.

● 보리된장麦味噌

대맥이나 나맥을 보리누룩으로 하여 가열한 대두와 소금을 섞어 양조한다. 독특한 향이 있으며 맛, 색은 지방에 따라 다르다.

● 시골된장田舎味噌

각지에서 만들어진 보리미소의 총칭이다. 주로 관동북부의 것은 적미소, 매운맛 미소계 등이 많고 큐슈, 시코쿠, 츄고쿠지방의 것은 옅은색 계통으로 짠맛은 덜하다.

● 콩된장豆味噌

쌀이나 보리의 누룩을 사용하지 않고 콩만으로 만들어진 된장이다. 콩을 삶아서 종누룩(다네코우키)과 소금을 넣어 2~3년 발효 숙성시키기 때문에 특유의 떫은맛과 깊은 단맛이 있으며, 짙은 적갈색을 띠고 있다. 아이치, 기부, 미에가 주생산지이다.

● 팔콩된장八丁味噌

아이치현 오카자기시의 콩된장 명산품이다. 염분은 11% 정도로 산슈미소, 미가와미소, 오와리미소, 나고야미소가 같은 계통의 된장이다.

● 적다시용된장赤だし用味噌

딱딱한 핫초미소를 부드럽게 하여 사용하기 편하게 한 가공된장이다. 신슈미소, 우마미조미료가 섞여있다.

6) 술酒

일본술을 조미료로 사용할 경우, 향을 즐기기 위한 음양주는 고가이며, 또 정미함량이 높고 아미노산이나 유기산 등의 원료가 되는 단백질은 대부분 제거되어있기 때문에 기본적으로는 이용하지 않는(간자마시 : 데웠다가 식은 술) 것을 사용해도 좋다. 풍미나 깊은 맛을 내는 목적으로 사용하기 때문에 술과 비슷하게 인공적으로 만든 합성청주는 피한다. 보관할 때는 온도가 높거나 직사광선이 들면 변질되기 쉽기 때문에, 5℃ 정도의 어두운 장소(냉장고)에 넣어 되도록 빨리 사용한다.

(1) 일본술과 요리의 관계

일반적으로 단맛을 내는 요리에는 아마구치의 술이나 짠맛 혹은 향신료로 넣은 요리에는 카라구치의 술이 좋으며, 진한 맛의 요리에는 농도가 짙은 술이 좋다고 알려져 있다. 그러나 사람마다 여러 취향이 있어 미각은 그 장소나 분위기 건강상태에도 미묘하게 다르기 때문에 한마디로 정할 수는 없다. 같은 니혼슈도와 산도의 술이라 해도 사람에 따라 맛을 느끼는 것이 다르고, 데우든가 차게 하든가에 따라서도 변화가 있다. 데운 술은 55도, 조금 미지근한 것은 40~45도 등 온도에 따라 맛이 다르다. 이처럼 어렵지만 요리에 맞게 술의 종류나 적정온도까지 고려한다면 보다 좋은 결과를 얻을 수 있다.

(2) 정미 비율

정미의 비율을 말한다. 즉 70%라고 하면, 현미 무게의 70%까지 정미한 것을 말한다.

(3) 일본술의 맛

요리와 일본술은 궁합이 잘 맞는다. 일반적으로 술은 단맛(아마이), 쓰는 맛(카라이)이라고 표현된 맛에 좌우한다. 이렇게 일본술의 맛을 정하는 것은 그 술의 일본주도와 산도이다.

(4) 일본술의 도수

일본술의 비중을 나타내는 기준 술은 누룩균이 쌀의 전분을 분당으로 당화하고 그것을 효모가 알코올 발효하여 만들어진다. 물의 비중을 플러스마이너스 0으로 하여, 그것보다 가벼운 것을 가라구치의 술로 플러스 몇 도라고 표시하고, 무거운 것을 아마구치의 술로 마이너스 몇 도라고 표기한다.

(5) 일본술의 산도

주류에 포함되는 유기산의 정도 산은 술의 맛에 진담을 정하는 것이다. 즉 일본술 도수의 플러스 수치가 높은 가라이술에 산을 더하면 시원한 가라구치의 맛이 되고, 산과 당이 많으면 아마구치로 농하한 맛을 내게 된다. 이것에 따라 일본술의 맛을 크게 분류하여, 탄레이가라구치淡麗辛口, 노준가라구치濃醇辛口, 탄레이아미구치淡麗甘口, 노준아마구치濃醇甘口의 4가지로 나뉜다.

(6) 일본술의 종류

일본술은 쌀을 원료로 한 양조주로 '청주'라 부른다. 원료인 쌀이나 제법에 따라 본양조주本釀造酒, 순미주純米酒, 음양주吟讓酒 등의 특정 명칭주와 그 밖의 보통주로 분류된다.

● 본양조주本醸造酒

정미비율 70% 이하의 백미, 쌀누룩, 양조알코올 및 물을 원료로 하여 제조된 청주로 향미와 광택이 양호하다. 최근에는 목 넘김이 경쾌한 탄레이가라구치淡麗辛口의 경향이 있다. 알코올농도, 향, 맛의 조정, 방부효과를 높이기 위해 양조알코올을 첨가한다.

● 순미주純米酒

정미비율 70% 이하의 백미, 쌀누룩, 물을 원료로 하여 제조된 청주로 향미와 광택이 양호하다. 양조알코올은 전혀 첨가하지 않으며 방순한 맛은 조금 짙다. 산미도 있어 맛이 분명한 술이고, 데우면 보다 맛이 진해진다.

● 음양주吟譲酒

정미비율 60% 이하의 백미, 쌀누룩 및 물, 양조알코올을 원료로 하여 음미하며 제조한 청주로 고유의 향미 및 광택이 좋다. 원료미는 야마다니시키山田錦가 대표적이며, 양질의 주조호적미를 이용하여 고급으로 정미하고 저온에서 발효한다. 과일같은 향이 있으며, 맛은 부드럽다. 또한 개운한 상품의 풍미를 갖고 있고, 차게 하여 마시나 너무 차지 않게 주의해야 한다. 일본술의 최고급품으로 음양주 중에 정미 50% 이하의 것은 대음양이라고 명한다.

● 보통주

특정 명칭주와 구별되어있는 술로, 일반적으로 상선, 별선 등으로 라벨에 표시되어 있는 술이다. 일상적인 술로 시장 출고량의 약 80%를 차지한다.

7) 미림みりん

일본의 독특한 제조주로 전국시대에 생겨나 16세기 문헌에서 그 이름을 찾을 수 있다. 최초는 음료용이었으나 에도말기에 조미료로 사용된 듯하다. 제법은 멥쌀로 만든 누룩에 찐 찹쌀과 소주를 섞어 천천히 당화 숙성시켜 압착하여 미림과 미림술지게미로 나누어 미림을 여과 살균하여 만든다. 약 14%의 알코올과 46% 정도의 당분(주성분은 포도당)을 함유하는데, 유리아미노산, 펩티드, 유기산 등이 얽혀 특유의 단맛을 형성하고 있다. 요리의 맛을 파괴하는 경우도 있기 때문에, 분량이 많은 경우에는 우선 미림만을 끓여 알코올성분을 날려둔다. 그것을 니키리미림煮切, にきりみりん이라 한다. 알코올이 거의 없는 미림풍 조미료에는 비린맛을 없어주는 효과와 가열해서 얻을 수 있는 향기나 풍미는 기대할 수가 없다.

다시의 재료와 기본 다시 만들기

제5장

1. 다시마昆布

차가운 바다에서 잘 자라는 식물로, 우리나라에서는 동해안을 따라 분포되어 있으며 잎, 줄기, 뿌리의 세 부분으로 이루어져 있다. 잎은 띠 모양으로 길고 가운데 부분이 약간 두툼하며 양 가장자리는 쭈글쭈글하다. 일본에서는 대부분 북해도(홋카이도)가 주요산지이다. 다시마 종류는 마콘부眞昆布, まこんぶ, 리시리콘부利尻昆布, りしりこんぶ, 밋이시콘부三石昆布, みっいしこんぶ가 있으며 이 중에서 마콘부가 가장 육수가 잘 우려난다.

2. 가다랑어포鰹節

가다랑어를 손질하여 3장 뜨기 하여 찐 다음 말린 것이다. 큰 가다랑어포를 혼부시本節, ほんぶし라 하는데, 등쪽 부위를 오부시雄節, おぶし하고 배쪽 부위를 메부시雌節, めぶし라 하는데, 둘을 합치면 한 쌍이 된다. 작은 가다랑어포는 카메부시龜節, かめぶし가 있다. 양질의 가츠오부시는 단단하며 두드렸을 때 맑은소리가 나는데, 이것을 대패로 얇게 깎아 사용하고 휘발성이 있어 시간이 지나면 맛과 향이 떨어지므로 필요할 때 조금씩 깎아 사용하거나 밀폐용기에 보관하여 단기간에 사용하는 것이 좋다. 고우치高知, こうち, 시즈오카静岡, しずおか가 주요산지이다.

3. 멸치煮干し

멸치를 니보시煮干し라 하는데 원래는 정어리, 새우, 멸치 등을 삶아 건조시킨 것을 통틀어 말한다. 신선한 색깔과 광택이 있는 것이 좋으며, 사용할 때에는 가츠오부시보다 오래 끓여 우려내는 것이 좋고, 사용하기 전에 머리와 내장을 제거하거나 살짝 볶아주면 쓴맛이나 비린맛을 제거할 수 있다.

4. 다시 뽑는 방법

(1) 일번다시一番出し

물 2ℓ, 가츠오부시 60g, 다시마 20g

- 다시마를 깨끗한 행주로 닦아 다시마 표면을 깨끗이 한다.
- 냄비에 물과 다시마를 넣고 10분 정도 불에 올려 거품을 걷어내고, 90℃에서 다시마를 건져낸다.
- 끓으면 소량의 물(약 70cc)을 넣고 온도를 낮춰준다.
- 가츠오부시를 넣어준다.
- 표면에 떠있는 불순물을 제거하고 5분 정도 맛을 우려낸다.
- 맛과 향을 확인한 후 고운 천에 거른다.

(2) 이번다시二番出し

일번다시를 뽑고 남은 가츠오부시와 다시마, 물 2ℓ, 가츠오부시 30g

- 일번다시를 뽑고 남은 가츠오부시와 다시마, 물을 넣고 약불에 ¾~⅔ 정도의 양이 되도록 끓인다.
- 표면에 떠있는 불순물을 제거하고 다시마를 건져낸 후 불을 끈다.
- 가츠오부시를 넣고 표면에 떠있는 불순물을 제거한 후 5분 정도 맛을 우려낸다.
- 맛과 향을 확인한 후 고운 천에 거른다.

(3) 멸치다시煮干し出し

물 1ℓ, 건멸치 30g, 다시마 5g

- 멸치의 머리와 내장을 제거한다.
- 냄비에 건멸치, 물, 다시마를 넣어 5~6시간 정도 다시물을 우려낸다.
- 그대로 끓인 후 불순물을 제거하고 다시마를 건져내고 불을 끈다.
- 맛과 향을 확인한 후 고운 천에 거른다.

(4) 다시마다시昆布出し

물 2ℓ, 다시마 60g

- 다시마 표면을 깨끗이 닦는다.
- 냄비에 물과 다시마를 넣고 5~6시간 정도 다시물을 우려낸다.
- 맛과 향을 확인한 후 고운 천에 거른다.

도미 손질하는 방법

제6장

머리를 왼손으로 잡고, 꼬리쪽에서 머리쪽으로 비늘을 벗겨낸다.

머리와 아가미의 연결 부위를 칼끝으로 분리한다.

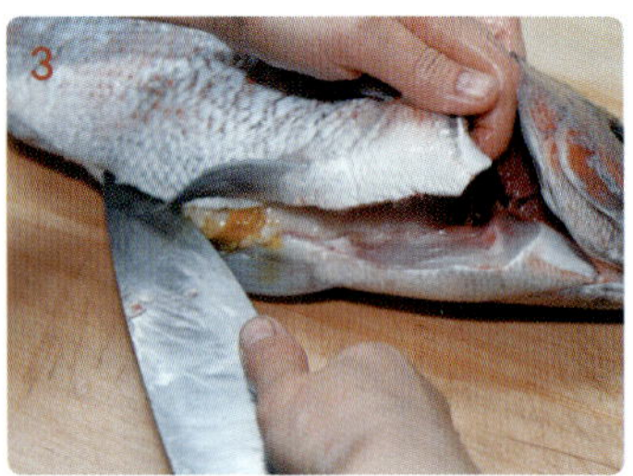

머리쪽에서 항문쪽으로 칼집을 넣어준다.

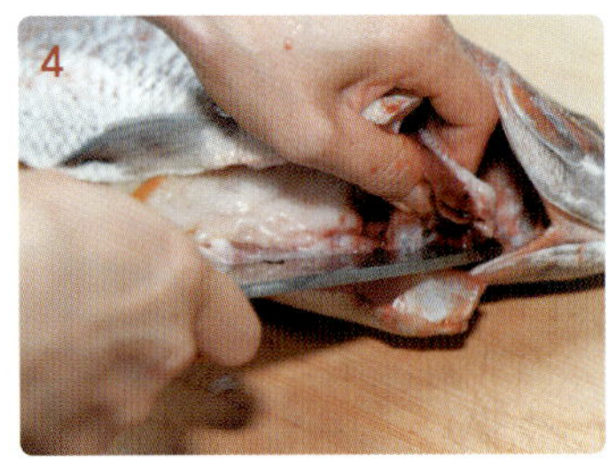

아가미를 가마살 연결 부분에서 떼어낸다.

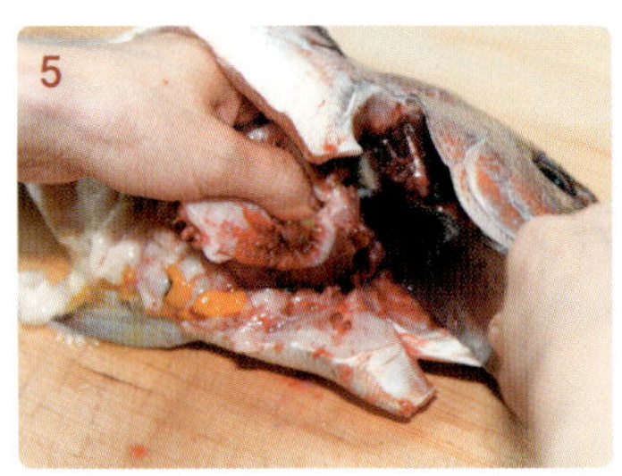

아가미 내장과 몸체의 연결 부분을 떼어낸다.

내장 부분을 몸체에서 완전히 분리한다.

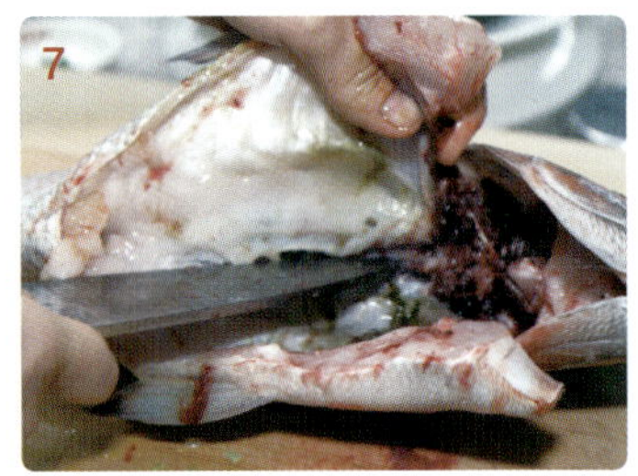

칼끝으로 혈액 부분의 피맺힘 부위의 피를 깨끗이 제거하고 물에서 솔로 씻어낸다.

배지느러미와 옆지느러미 바로 밑으로 칼을 넣어 머리 부분을 자른다.

8과 같은 방법으로 반대편도 머리 부분을 잘라낸다.

칼을 이용하여 몸통과 머리 부분을 분리한다.

도미머리를 왼손으로 잡으면서 입을 벌리고, 데바칼 앞쪽 끝을 이용하여 도미이빨 사이에 칼끝을 넣는다.

머리쪽이 분리되면 주둥이쪽에 연결된 부분을 칼 뒤쪽 끝을 이용하여 자른다.

분리한 몸통에서 꼬리쪽 부분도 분리한다.

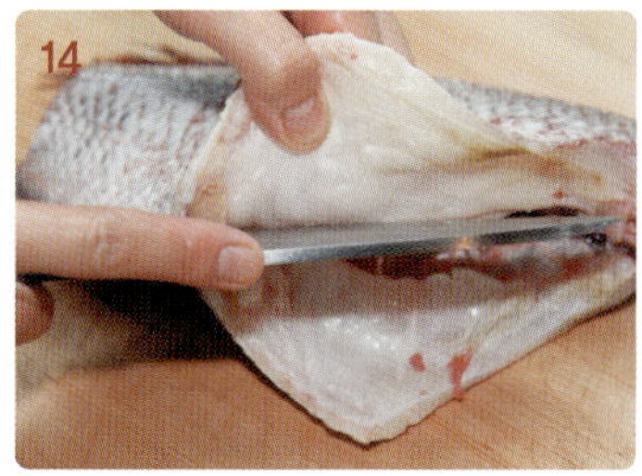

물기를 닦아낸 다음 배쪽에 칼을 넣어 가운데 중간 뼈까지 포를 뜬다.

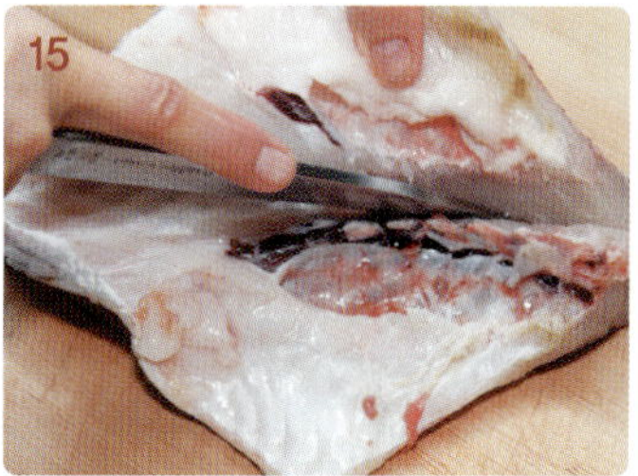

갈비뼈 부분의 뼈를 잘라준다.

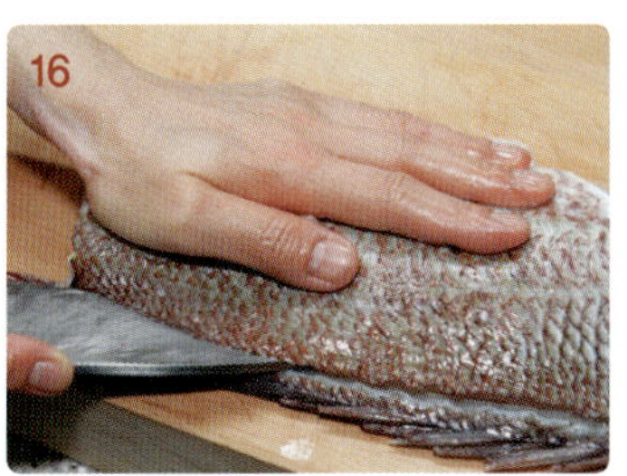

11과 같이 반대편도 포를 뜬다.

12와 같이 반대편도 포를 뜬다.

최대한 뱃살부분에 손실이 생기지 않도록 주의하며 갈비뼈를 분리한다.

가운데 잔뼈 부분과 혈합육을 제거한다.

왼손과 오른손을 각각 반대방향으로 힘을 주어 껍질을 벗겨낸다.

도미손질을 완성한다.

제7장 복어요리

1. 복어의 개요

복은 '복어목복'과 어는 '어류'를 총칭하며 일반적으로 '복어'라 부른다. 생김새는 다양하지만 대체로 긴 달걀 모양으로 짧고 불룩하게 생겼고, 표면은 아주 매끄러운 것과 가시 있는 비늘을 가진 것이 있다. 입은 작고 위아래 두 턱에 각각 2개의 앞니 모양의 악치가 있고, 좌우의 2개는 중앙 봉합선에 서로 닿아 주둥이 모양을 이루고 있다. 가슴지느러미는 짧고 높은 곳에 있으며 작은 아가미구멍이 그 바로 앞에 뚫려 있다.

배의 체측근體側筋은 퇴화되어 있고, 대신에 등지느러미와 꼬리지느러미는 굴근屈筋이 잘 발달되어 있어서 이들 근육도 배가 부푸는 것을 돕는다. 온대에서 열대에 걸쳐 널리 분포하는 연해성 해산어로, 주로 꼬리지느러미를 좌우로 흔들면서 헤엄치는데, 몸이 둥글어 속도는 느리고 움직이는 눈꺼풀이 있다. 그리고 입으로 물을 뿜어 바다 밑의 모래 속에서 조개, 털갯지렁이 등을 잡아먹는다. 이러한 이유로 영어로 Puffer라고 불리며, 중국에서는 하돈河豚이라 부른다.

복어를 즐겨먹는 나라는 주로 우리나라, 일본, 중국과 이집트 등으로, 특히 일본에서는 복어요리가 매우 발달되어 있다. 복어의 독은 산란기 직전인 5~7월에 가장 강하고, 복어의 제철은 겨울철이 가장 맛이 좋다.

1) 복어의 독소

복어의 독소는 테트로도톡신(Tetrodotoxin)이라는 맹독성이 있어 조금만 섭취해도 생명에 위협을 받을 만큼 무섭다. 백색의 주상결정으로 분해점은 249℃이며 물에 녹는다고 알려져 있다. 일반적으로 산란기에 난소부분에 가장 독소가 많고, 간이 그 다음이며, 정소에는 독소가 없다.

복어의 난소부분의 독성은 청산가리의 10배에 이른다. 독소의 함량은 복어의 종류와 계절에 따라 다르며, 장기별로는 난소, 간, 피부, 장, 혈액 순이나 살에는 적다. 산란기의 복어 난소에 특히 독이 많은데, 이는 신경독이어서 운동신경, 지각선경의 말초를 마비시킴과 동시에 연수의 중추에도

작용한다.

중독 시의 증세로는 먼저 위화감이 있고 입술, 혀, 손, 발의 지각마비, 그리고 심해지면 전신의 근육이 마비되어 언어도 불분명하게 되며 호흡도 약해져서 청색증에 의해 손발의 말단이나 안면 등에 자반병이 나타나, 의식은 명료 하지만 결국 호흡마비에 의해 사망하게 된다.

중독 시의 대책으로서는 즉시 토제, 하제를 투여하고, 혈압상승제를 써서 혈압을 유지하고 인공호흡을 실시한다. 테트로도톡신은 의약용으로 쓰이기도 하는데, 그 성분은 물과 유기용매(알코올)에는 녹지 않고 산(초산, 염산)에 녹는다.

열에 대해서는 중성 또는 유기산성에는 상당히 안정하나 알칼리성에는 독성이 빨리 소실된다. 복어 독소는 사용하기에 따라서 약이 된다는 말이 있다. 복어의 독소는 신경계를 마비시키기 때문에 신경통이나 관절염, 류머티즘, 파상풍의 경련, 천식, 발작 등에 진정효과가 있어 진통제, 신경제, 진정제 등으로 사용하고 있다.

2. 복어의 손질법

어체의 점액과 이물질을 깨끗이 씻는다.

등지느러미를 제거한다.

왼쪽 가슴지느러미를 제거한다.

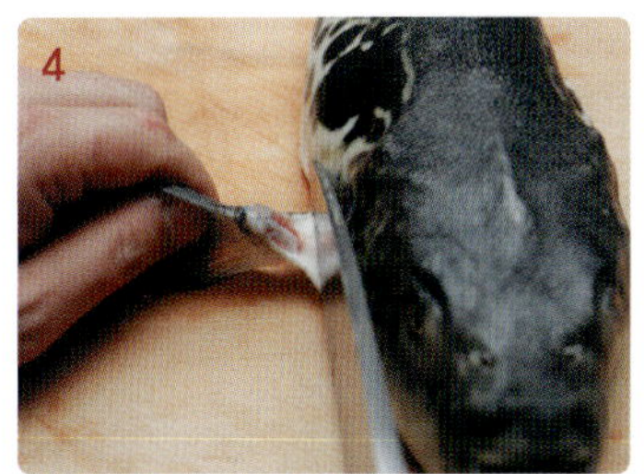

오른쪽 가슴지느러미를 제거한다.

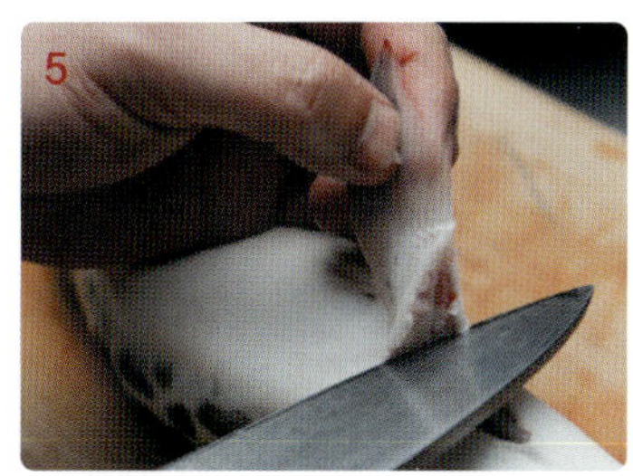

배쪽 지느러미를 제거한다.

머리를 오른쪽으로 놓고 코의 숨구멍 부분에 칼을 넣어 주둥이를 절반 정도 잘라낸다.

코 약간 앞부분 입끝 왼쪽의 오른쪽에 칼집을 넣는다.

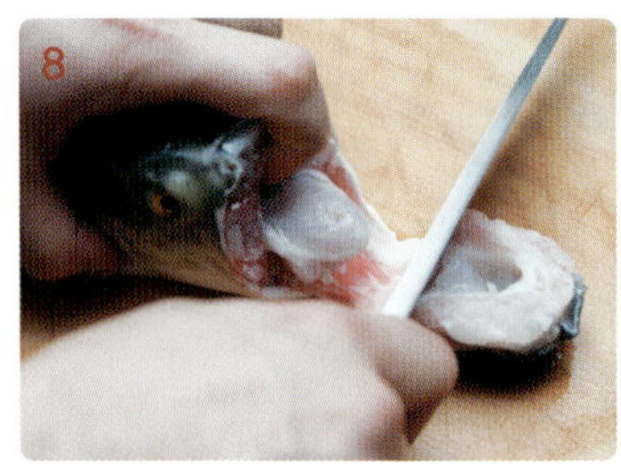

단번에 잘라버리지 말고 잘려진 부분을 비틀 듯이 펼쳐 복어를 조금 일으켜 세우면서 혀가 잘리지 않도록 주의하며 주둥이를 떼어낸다.

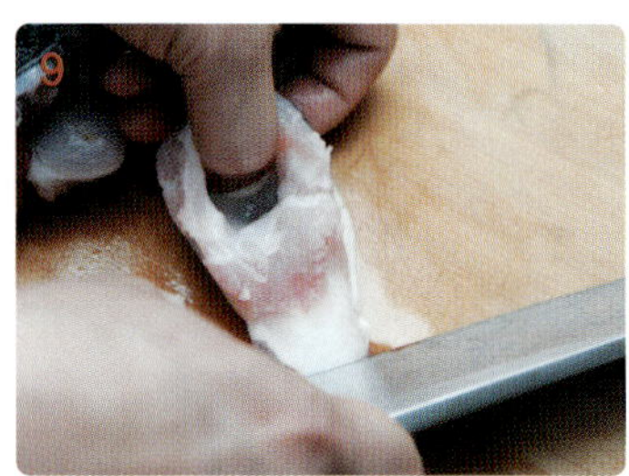

입속과 껍질 뒤에는 점액과 점막이 많으므로 칼날을 이용하여 이것을 제거한다.

칼끝을 이빨 사이에 끼워서 손으로 내려친다.

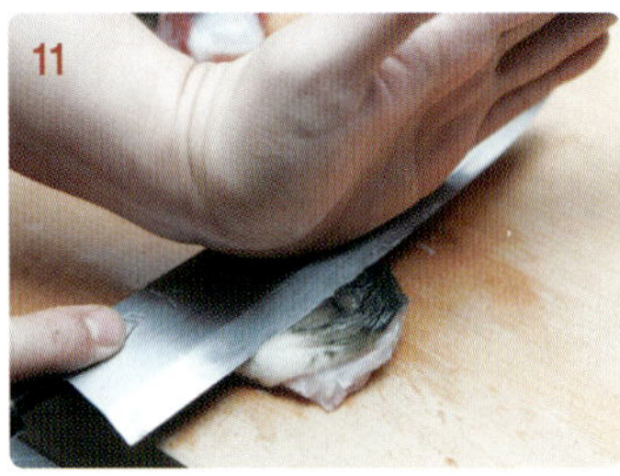

칼 표면을 입에 대고 손으로 내려친다.

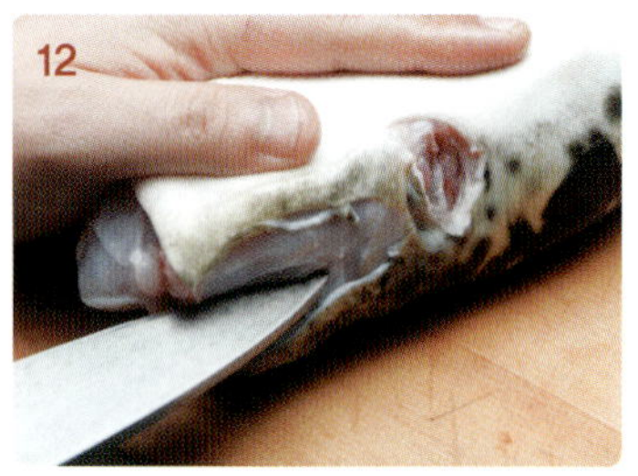

잘린 가슴지느러미 부분을 기점으로 칼날을 오른쪽으로 한다.

당기면서 껍질을 자른다.

몸 좌우에 껍질을 벗기고 나면, 손으로 꼬리쪽 부분의 껍질을 살짝 들어 자른다.

칼을 당기듯이 하면서 꼬리쪽에서 머리쪽까지 껍질을 벗겨나간다.

머리쪽에 도달했을 때 칼끝으로 꼬리를 잡고 여분의 복어껍질을 잡고 당긴다.

배쪽 부분도 등쪽 부분과 동일하게 껍질을 제거한다.

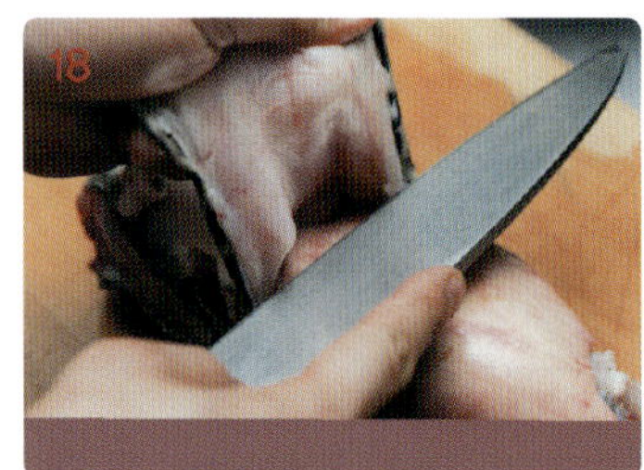

전과 동일하게 껍질을 제거한다.

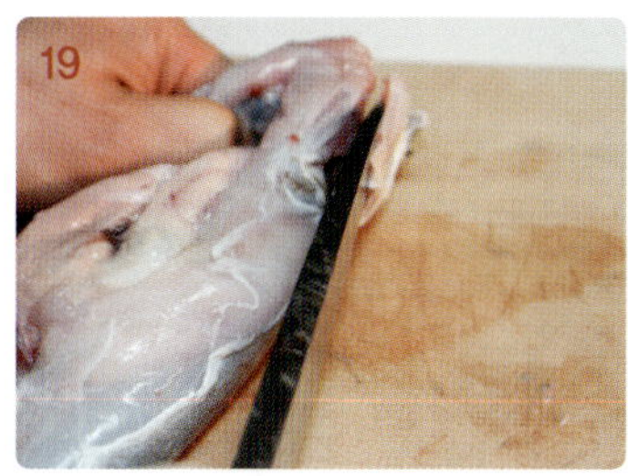

19

복부를 위로 향하여 왼손으로 머리 부위를 잡고, 오른쪽 아가미쪽에 칼집을 넣는다.

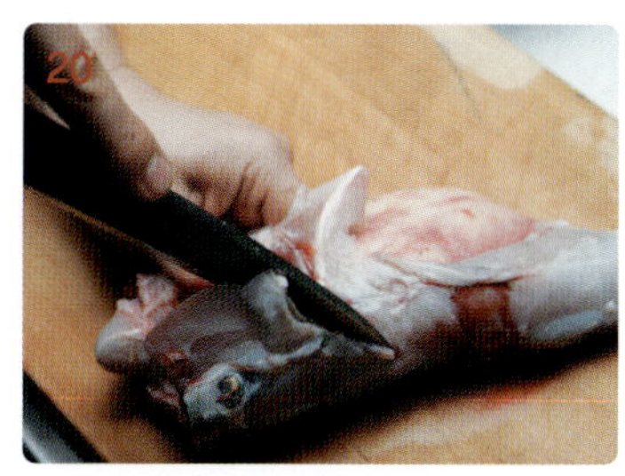

20

어체의 머리쪽에 손을 두고 칼날을 비스듬히 하여 턱뼈와 붙어있는 옆구리를 살짝 절단한다.

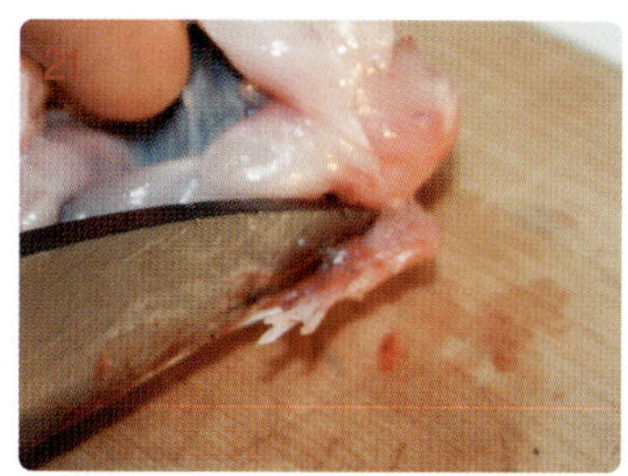

21

오른쪽 협골을 제거한다.

22

배쪽 내장 부분에 칼집을 살짝 넣는다.

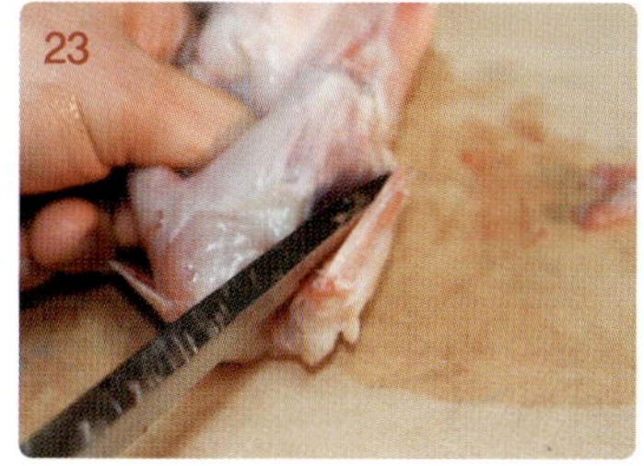

23

왼쪽 아가미쪽에 칼집을 넣는다.

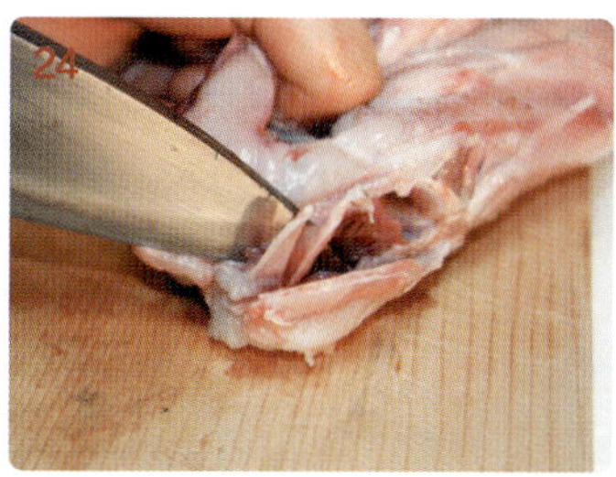

24

왼쪽 협골을 제거한다.

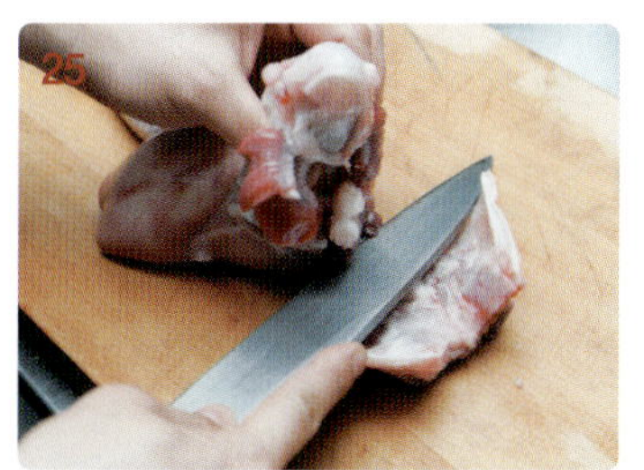

25

머리뼈와 아가미가 있는 부위를 자르고, 머리부위를 칼끝으로 누르면서 꼬리쪽으로 잡아준다.

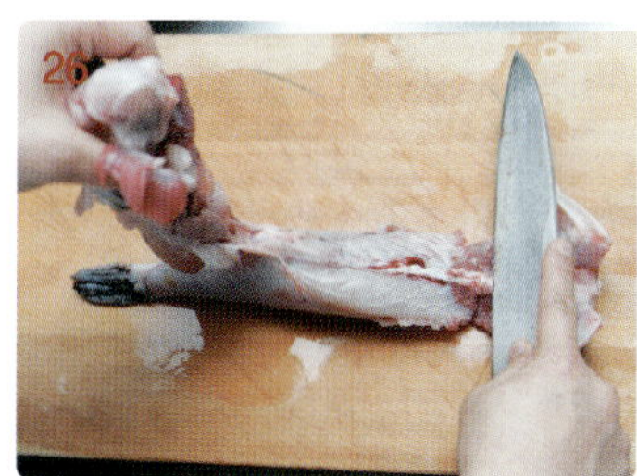

26

장기들을 조심스럽게 제거한다.

27

왼손 집게손가락으로 머리의 안쪽에서 눈을 누른다.

28

튀어나온 눈을 칼로 제거한다.

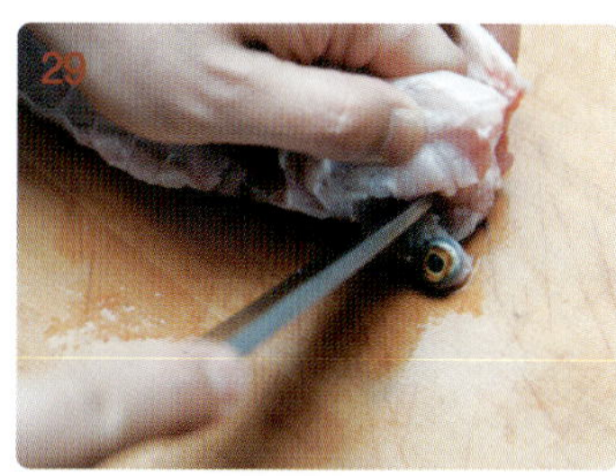

29

반대편 눈도 동일하게 제거한다.

30

튀어나온 눈을 칼로 제거한다.

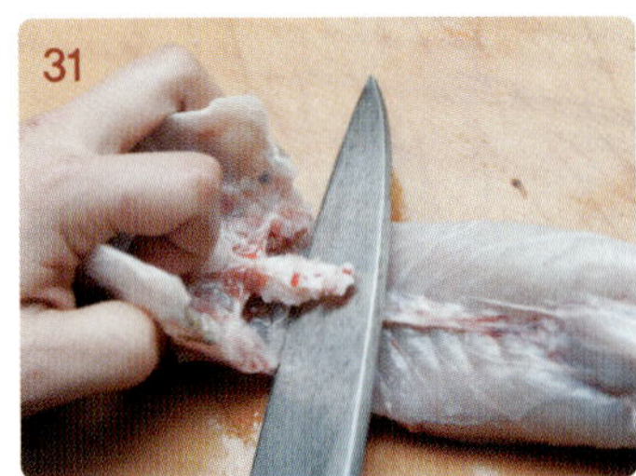

머리와 몸통에 경계부위를 절단한다.

이등분한 머리뼈의 내부에 있는 혈액, 점질물 및 뇌 등을 칼끝으로 구석구석 깨끗이 세척한다.

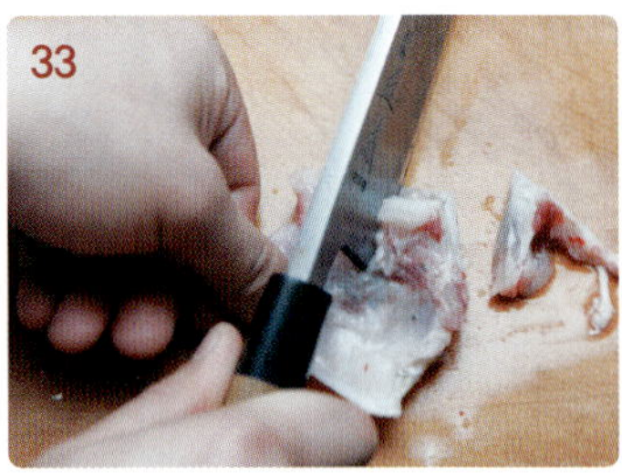

머리뼈 부분을 칼 뒤끝으로 내리쳐 뼈 속에 있는 피를 뺀다.

복부의 끝부위 한가운데 색이 다른 나뭇잎 모양의 근육부위가 있는데, 이곳을 칼로 도려낸다.

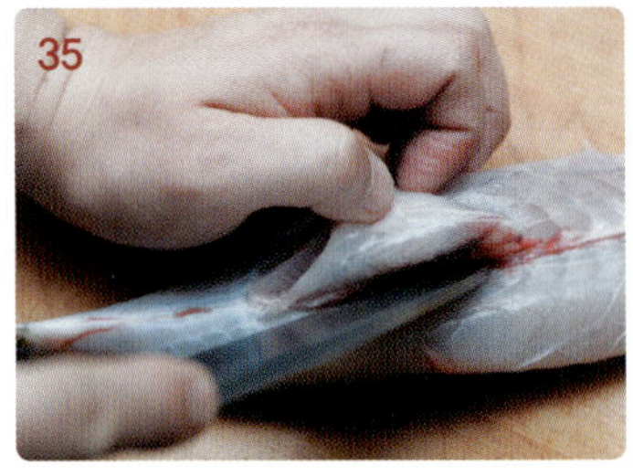

반대편도 전과 동일하게 작업한다.

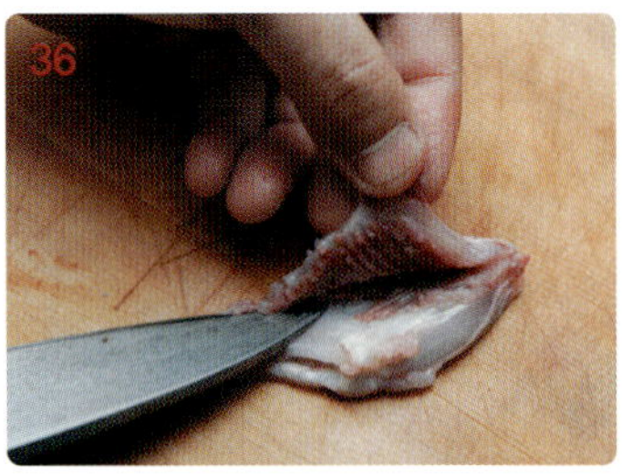

제거한 복부근육을 반으로 칼집을 넣어준다.

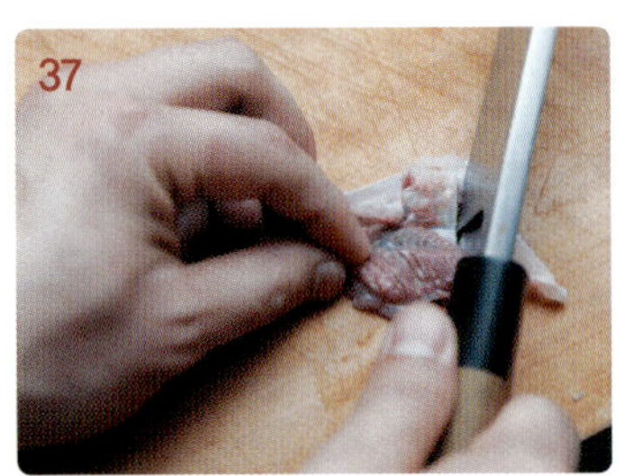

칼 뒤 끝부분으로 복부근육에 뼈를 잘라준다.

등뼈에 부착된 혈액을 손가락으로 힘 있게 눌러 짜낸다.

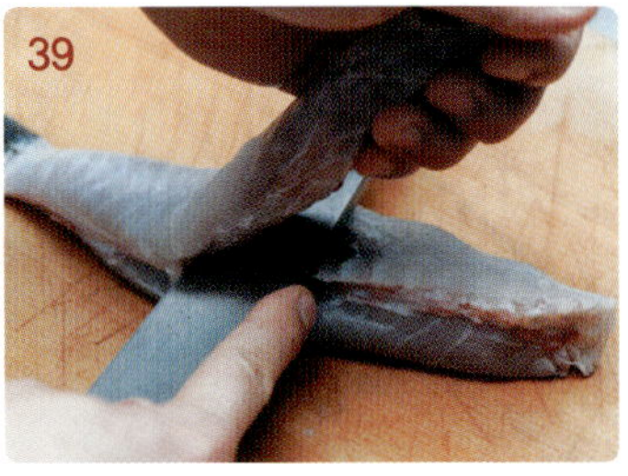

물로 잘 세척한 몸통을 수건으로 잘 닦은 다음, 등뼈를 중심으로 머리쪽에서 꼬리쪽으로 근육부위를 가른다.

반대편도 전과 동일하게 작업한다.

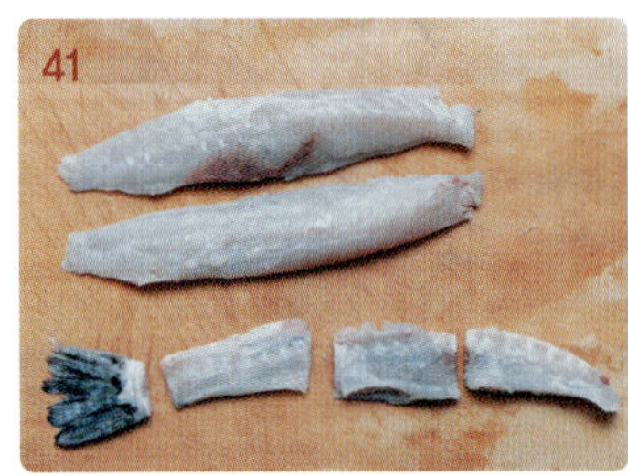

3장 뜨기를 완성한다.

남은 뼈를 3~4토막 크기로 토막낸다.

꼬리뼈 지느러미를 소금으로 문질러 이물질을 제거한다.

횟감으로 사용하기 위한 복어살 표면의 질긴 막이나 이물질을 제거한다.

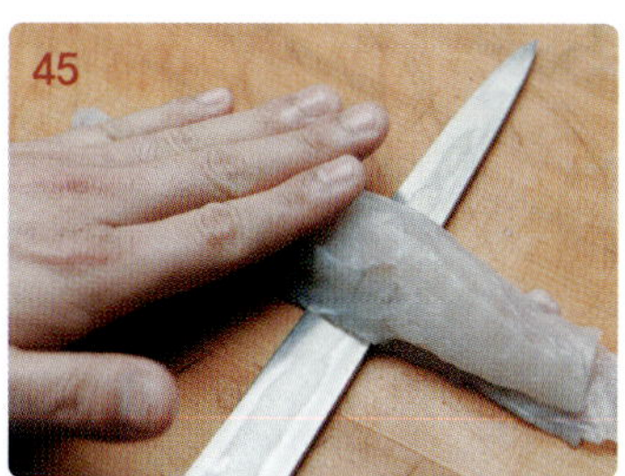

몸통살의 바깥쪽 부분을 최대한 얇게 포를 떠서 껍질을 제거한다.

복어살 껍질제거 및 분리단계이다.

분리 완성단계이다.

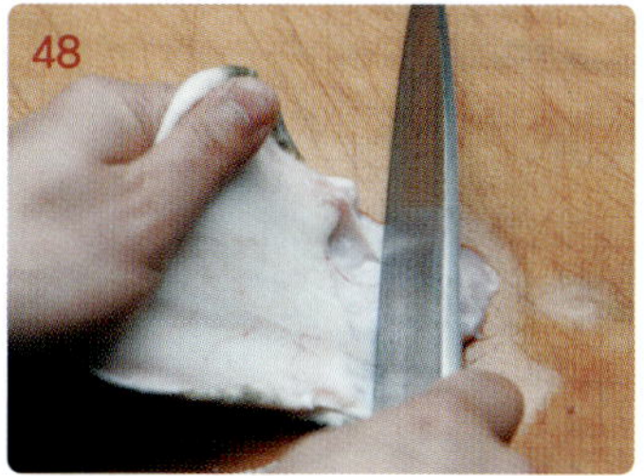

속껍질 속에 있는 허물을 제거한다.

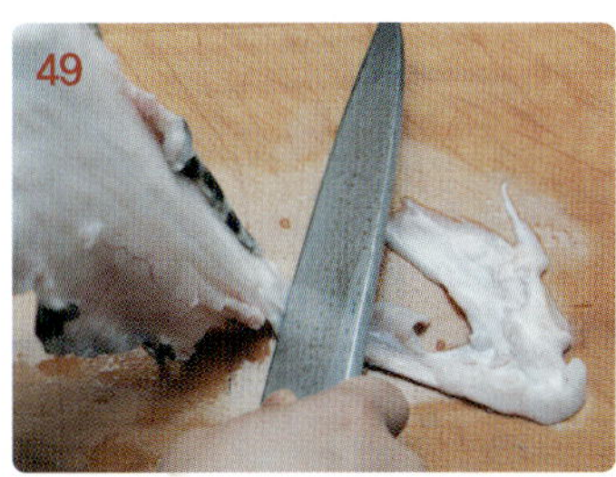

속껍질 속에 있는 허물을 완전히 제거한다.

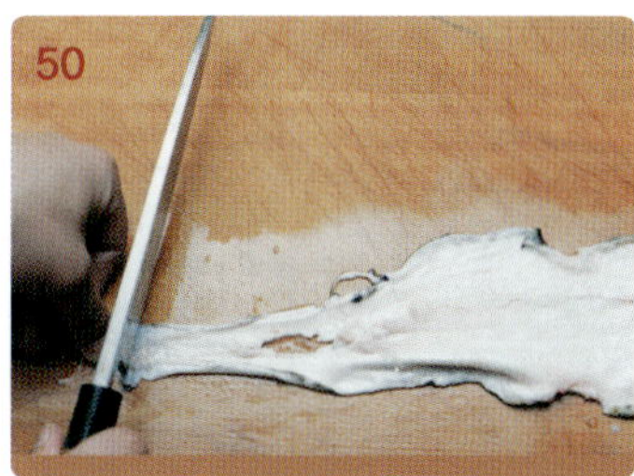

꼬리쪽 끝에서 속껍질을 분리한다.

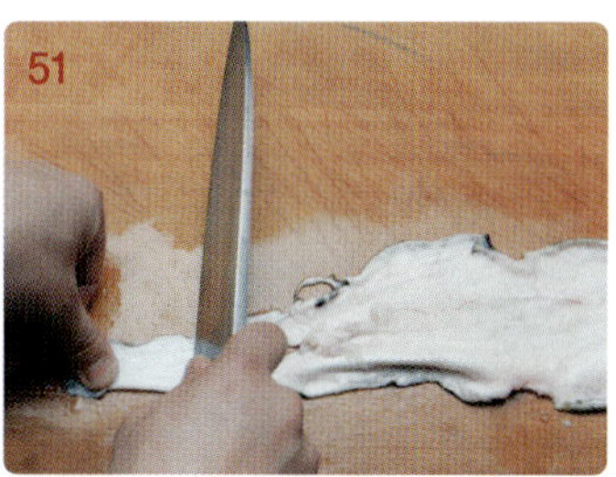

속껍질을 완전히 분리한다.

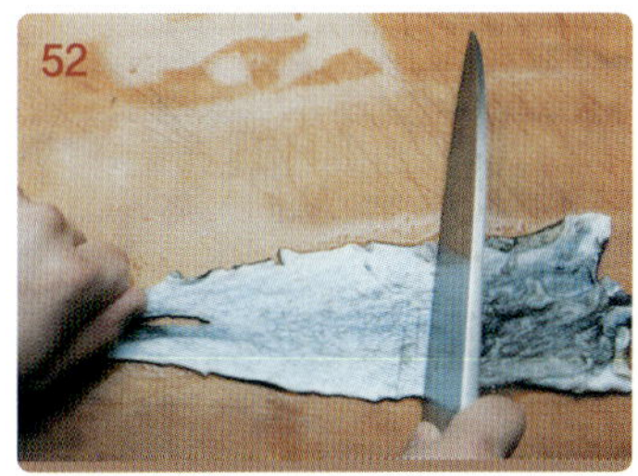

등껍질을 분리한다.

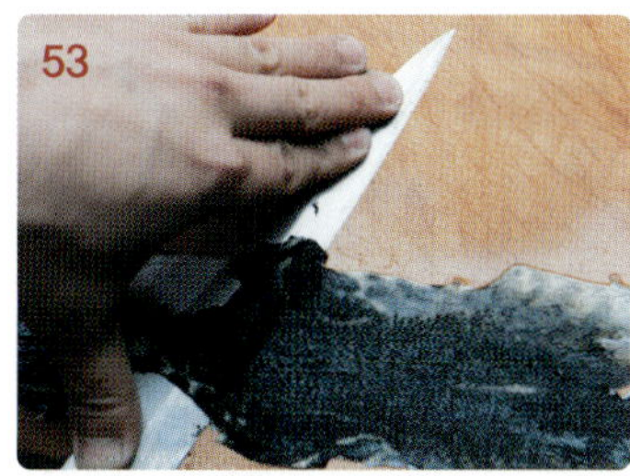

등껍질쪽 가시를 제거한다.

등껍질쪽 가시를 완전히 제거한다.

55

배껍질 부분 가시를 제거하기 위해 도마에 압착시켜 접착되지 않은 부분에 칼집을 넣는다.

56

압착시킨 배껍질 가시를 제거한다.

57

아가미와 혀의 경계에 칼질을 넣어준다.

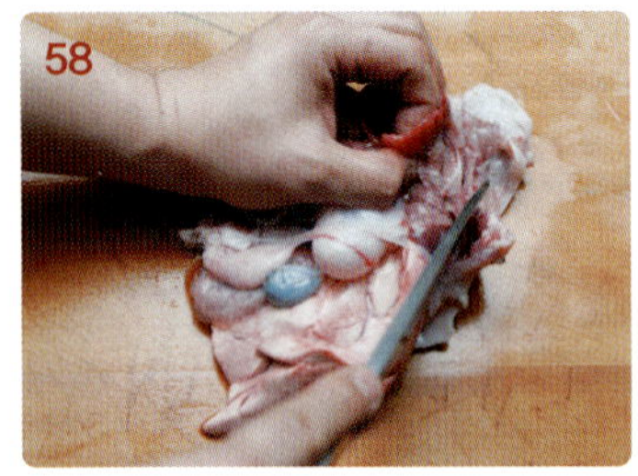

58

칼집을 넣은 후 손으로 잡아당겨 아가미와 혀를 분리한다.

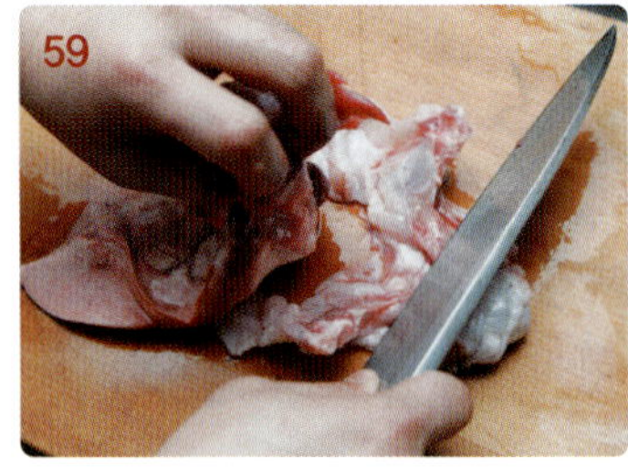

59

손으로 잡아당겨 아가미와 혀를 분리한다.

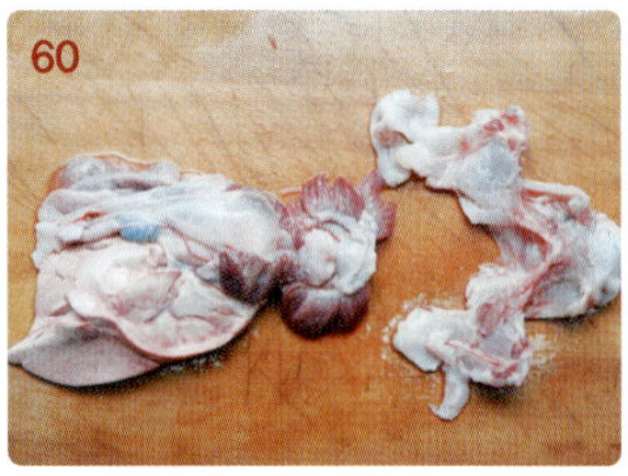

60

내장분리를 완료한다.

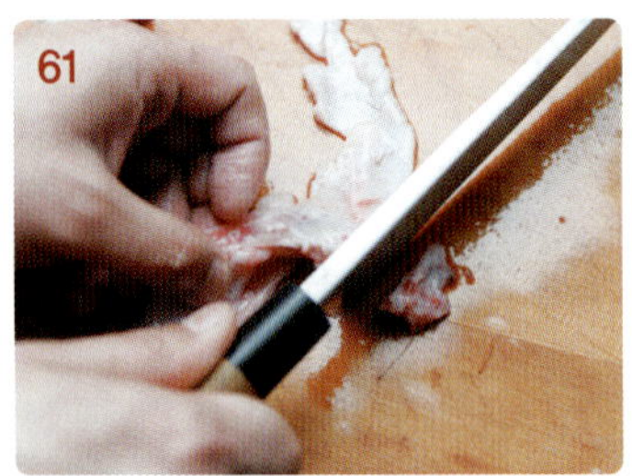

61

혈액과 이물질을 제거한다.

62

가식부분 분리된 내장들이다.

NCS

과정/과목명 : 1301010417_13v1 복어손질

- **훈련목표** : 복어를 안전하게 제독 처리하여 각 부위별로 손질하는 능력 함양
- **수준** : 4
- **최소훈련시간** : 30
- **권장훈련방법** : 집체훈련

- **평가 시 고려사항** : 평가자는 다음 사항을 평가해야 한다.
  - 순서와 용도에 맞게 기초손질
  - 용도에 맞게 칼로 손질
  - 가식과 불가식 부위를 손질하는 능력
  - 제독 처리하는 능력
  - 속껍질과 겉껍질을 분리하는 능력
  - 가시 제거하는 능력
  - 사용한 도구를 청결하게 취급하는 능력

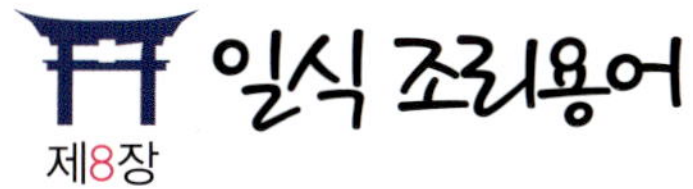

일식 조리용어

제8장

あ

아라(あら) : 생선을 손질한 뒤에 남은 머리, 아가미살, 뼈살 등을 토막내어 설탕, 간장, 미림, 청주 등을 넣어 진하게 조린 것을 아라니(あらに) 또는 우시오지루(うしおじる)라고 한다.(조)

아라레기리(あらいぎり) : 약 3~5㎜로 각썰기한다.

아라이(あらい) : 세척. 얼음물로 씻은 생선회이다.

아부라네키(あぶらぬき) : 기름제거. 튀긴재료에 뜨거운 열탕을 끼얹거나, 가볍게 삶거나 데쳐서 기름을 제거하는 방법이다.(유발)

아시라이(あしらい) : 곁들임. 곁들이고 배합하는 것을 말하며, 이것을 소에(そえ)라고도 한다.

아쿠(あく) : 잿물, 식물이 함유한 떫은 액체(맛). 쓴맛이다.(자극적인 여러 맛을 가리키는 말) (회즙)

아쿠네키/도메(あくぬき/どめ) : 채소 등의 떫은맛이나 쓴맛을 우려냄. 식품을 삶을 때 나는 아린맛이나 거품을 없애는 조작이다.(발)

아타리고마(あたりごま) : 참깨 등을 가는 것으로, 잘게 으깬 참깨를 말한다.(당호마)

에도마에(えどまえ) : 동경의 옛 이름. 동경바다에서 잡은 생선을 일컫는 말이었으나, 현재는 관동요리를 칭한다.

에라(えら) : 아가미

엔가와(えんがわ) : 광어의 지느러미살

오니기리(おにぎり) : 주먹밥

오로스(おろす) : 생선을 뼈와 살을 분리하는 작업이다.

오로시가네(おろしがね) : 강판

오보로(おぼろ) : 새우나 대구살로 만든 김초밥의 재료로 쓰이는 가루재료이다.

오세치(おせち) : 설날에 만들어 먹는 요리이다.

오츠마미(おつまみ) : 손으로 집어서 입에 넣는 것을 말한다. 대부분은 술안주에 이용되며 간단한 요리이다.

오차즈케(おちゃづけ) : 밥 위에 재료를 올려놓고 뜨거운 녹차를 부어 먹는 것이다.

오카아게(おか上げ, おかあげ) : 건져 올리기. 삶거나 끓여서 재료를 액체에서 올린 상태를 말한다.

오코노미야키(おこのみやき) : 빈대떡의 일종으로 밀가루물을 풀어놓고 그 위에 재료를 얹어 익혀 먹는 요리이다.

오코시(おこし) : 일본과자의 일종. 찹쌀과자

오토시부타(おとしぶた) : 작은 냄비뚜껑보다 조금 작은 뚜껑을 말한다. 끓이는 재료 등에 직접 재료에 얹어서 뚜껑의 표면이 닿게 하여 사용되는 것으로(おとしぶた)는 목재가 일반적이지만, 끓이거나 삶는 재료에 의하여 종이뚜껑(かみぶた) 또는 헝겊뚜껑(ぬのぶた)으로 사용되는 경우도 있다.

온센타마고(おんせんたまご) : 온천에 분출하는 뜨거운 물에 넣어 반숙한 달걀이다. 60~70℃ 정도에서 30분 정도 익혀서 흰자도 노른자도 반숙상태이다.

우네리구시(ねりぐし) : 구이요리를 위해 생선이 수영하는 모습대로 구부려 꼬챙이를 끼우는 것이다.

우스이타(うすいた) : 종이처럼 얇게 가공한 나무판지. 손질한 어패류를 보관하는 데 사용한다.(박판)

우스즈쿠리(うすづくり) : 흰살생선회. 도미, 광어, 복어 등의 흰살생선을 얇게 저며 썰어 만든 회이다.

우스지오(うすじお) : 소금을 얇게 조금만 뿌리는 것을 말한다. 소금간이 얇은 것을 말한다.(박염)

우치비키(うちびき) : 생선의 껍질을 제거하는 방법이다.

우치와에비(うちわえび) : 부채새우(단선해로)

이나리즈시(いなりずし) : 유부초밥(도하지)

이로다시(いろだし) : 색상내기. 오이, 시금치 등 야채가 지니고 있는 색을 보다 더 곱게 하기 위해 뜨거운 열탕에 살짝 데치는 작업을 말한다.

이타즈리(いたずり) : 도마 굴리기. 재료의 사전준비 방법으로 도마 위에서 하는 방법이다. 오이, 머위 등의 야채에 소금을 묻혀 표면을 문지르는 것을 말한다.(すりつける : 문지르듯 하여 붙이다)(판)

이터즈쿠리(いとづくり) : 몸이 가는생선(오징어, 보리멸)의 살을 실처럼 가늘게 썲. 또는 그렇게 만든 회(さいづくり)라고도 한다. 주로 무침에 사용한다.(사조)

か

게소(げそ) : 오징어의 다리로 주로 초밥, 튀김에 이용한다.

게시노미(けしのみ) : 인삼씨 볶은 것을 게시노고마라 하여 일본에서 시판되고 있다.

고마아부라(ごまあぶら) : 참기름

고마토후(ごまとふ) : 참깨두부

카노고보우조우(かのこぼうちょう) : 재료에 격자 모양(가로, 세로)으로 칼집을 넣은 일. 사슴의 등무늬와 비슷하다고 하여 붙은 이름이다.

카마시타오토시(かましたおとし) : 생선의 머리를 자르는 방법 중 한 가지. 가마살을 머리 부분에 붙여서 오로시 한 것. 타스키오토시(たすきおとし)라 한다.

카마이리(かまいり) : 재료의 물기를 없애기 위해 살짝 볶는 것. 냄비에 기름을 칠하지 않고 볶는 것이다.

카미부타(かみぶた) : 조림요리를 할 때 덮는 종이뚜껑으로, 재료가 부스러지는 것을 막아준다.

카미지오(かみじお) : 생선이나 육류에 맛을 들일 때, 종이를 덮고 그 위에 소금을 뿌려 부드럽게 맛이 스며들도록 할 때 사용한다.

카와리아게(かわりあげ) : 튀김 종류로 모양을 만들어 튀겨낸 것이다.

카와시모즈쿠리(かわしもづくり) : 오로시한 생선을 껍질을 벗기지 않고 껍질 부분에만 끓는물을 부어 껍질만 살짝 익혀 곧바로 얼음물에 넣어 식혀 사용하는 것이다.

카이시키(かいしき) : 요리를 담을 때 그릇 밑부분에 깔아 장식하는 식물이나 나뭇잎, 종이를 말한다.

카이와리(かいわり) : 조개를 손질할 때 사용하는 도구이다.

카이토우(かいとう) : 해동

가츠라무키(かつらむき) : 무, 당근, 오이 등을 가로로 아주 얇게 벗기는 일이다.

카케(掛けかけ) : 우동이나 메밀국수에 국물만 넣어 뜨겁게 끓인 요리이다.

카쿠시보조우(かくしぼちょう) : 재료에 화력이 쉽게 통하게 또는 맛이 잘 스며들게 하기 위해 마무리를 깨끗하게 눈에 띄지 않도록 칼집을 넣는 일이다.

카쿠자토(かくざと) : 각설탕

카키아게(かきあげ) : 튀김요리의 한 가지. 잘게 썬 채소, 새우, 관자 등에 밀가루를 입혀 튀긴 것이다.

카타멘비라키(かためんびらき) : 생선이나 육류의 두꺼운 부분에 칼집을 넣어 벌려서 두께가 균일하게 만드는 것이다.

카타즈마오레구시(かたづまおれぐし) : 구시를 끼우는 방법 중에 하나. 생선살이 얇은 생선 혹은 가늘고 긴 생선살의 생선을 편단을 내측에 끼우는 방법이다.

칸로니(かんろに) : 단맛이 강한 조림요리를 말한다.

칸즈메(めかんづめ) : 통조림

칸키리(りかんきり) : 통조림을 따는 도구이다.

케츠리부시((けつりぶし) : 가다랑어를 말려서 얇게 깎아놓은 것이다.

켕(けん) : 생선회를 세우기 위한 츠마를 말한다. 대표적인 것이 무, 당근, 오이가 많이 사용된다.

코가네즈쿠리(こがねづきり) : 달걀노른자를 볶아서 체를 친 다음, 생선회의 흰살 위에 뿌려내는 것이다.

코노와타(このわた) : 해삼의 창자

코노코(このこ) : 해삼의 알집

코로모(ころも) : 튀김옷

코메노코(こめのこ) : 쌀가루

코메누카(こめぬか) : 쌀겨

코메미소(こめみそ) : 쌀이 첨가된 된장

코바치(こばち) : 일본요리에서 처음 나오는 작은 그릇에 담긴 요리이다.

코이쿠치쇼유(こいくちしょうゆ) : 진간장. 관동지방에서 진한 색의 간장이다.

콘부다시(こんぶだし) : 다시마육수

콘부지메(こんぶじめ) : 다시마로 생선회를 감싸 다시마향이 첨가된 생선회의 일종이다.

쿄우리키코(きょうりきこ) : 강력분. 단백질이 많이 든 밀가루이다.

쿄카이(きょかい) : 생선과 어패류

쿠시(くし) : 꼬챙이

쿠시아게(くしあげ) : 꼬치튀김

쿠즈앙(くずあん) : 물에 전분을 갠 것이다.

쿠즈키리(きずきり) : 칡뿌리에서 축출한 전분을 말한다.

쿠치토리(くちとり) : 다른 음식의 맛을 정확히 느낄 수 있게 해주는 안주나 과자 혹은 맑은국을 의미한다.

키루(切るきる) : 재료를 써는 방법의 총칭을 말한다.

키모(肝きも) : 동물의 간을 말한다.

키미(きみ) : 달걀노른자를 말한다.

키츠네(きつね) : 유부초밥의 다른 이름이다.

키쿠즈쿠리(りきくづくり) : 생선회를 얇게 썰어 국화꽃 모양으로 생선회를 만든 것이다.

킨삐라(きんぴら) : 얇게 깎은 우엉 또는 채썰기한 재료를 기름에 볶아 간장, 설탕으로 조린 것을 말한다.

킨시(きんし) : 달걀지단을 가늘게 썰어 비단실 같이 노랗게 장식하는 것을 말한다.

킨시타마고(きんしたまご) : 넓고 얇게 종이처럼 달걀을 부친 것이다.

さ

사라(さら) : 접시

사비(さび) : 초밥집에서는 와사비를 뜻한다.

사사가키(ささがき) : 우엉을 연필 깎듯이 가늘고 길게 써는 방법이다.

사사라(ささら) : 대나무를 잘게 쪼개어 만든 솔이다.

사사미(ささみ) : 닭가슴살의 연한 살이다.

사시미보조(さしみぼちょ) : 생선회 칼

사이바시(さいばし) : 조리용 또는 모리츠케용으로 사용되는 젓가락이다.

사이코야키(さいこやき) : 된장에 생선을 절였다가 구운요리이다.

사이쿠타마고(さいくたまご) : 삶은달걀이나 메추리알로 모양을 내는 것이다.

사카무시(さかむし) : 술을 첨가해서 찌는 어패류의 찜 요리이다.

산바이즈(さんばいず) : 진간장, 식초, 설탕 등을 혼합한 식초이다.

세이교(せいぎょ) : 신선한 생선 활어이다.

센기리(せんぎり) : 체소를 가늘게 자르는 방법이다.

센베이(せんべい) : 밀가루나 쌀가루로 만든 과자이다.

소에모노(そえもの) : 재료에 곁들이는 것이다.

소토비키(そとびき) : 생선껍질을 제거하는 방법이다.

스가타(すがた) : 재료의 모양 그대로 요리한 것이다.

스가타야키(すがたやき) : 물고기를 꼬치에 꿰거나 본 모양대로 구운 요리이다.

스가타즈시(すがたずし) : 등을 가르고 뼈를 발라 조미한 은어, 작은 도미 등을 그대로 얹은 초밥이다.

스나기모(すなぎも) : 닭모래집

스노모노(すのもの) : 초회요리

스루도이(するどい) : 날카로운 칼끝

스루메(するめ) : 말린 오징어

스루메이카(するめいか) : 오징어

스리미(すりみ) : 다져서 으깬 어육이다.

스리바치(すりばち) : 재료를 갈아 으깰 때 사용하는 절구이다.

스마시지루(すましじる) : 소금, 간장으로 간을 맞춘 맑은국이다.

스미(墨すみ) : 오징어, 문어 등의 먹물이다.

스미(すみ) : 숯, 목탄

스아게(すあげ) : 재료를 그대로 튀겨서 재료 본래의 맛을 느끼는 튀김요리이다.

스와야리(すわやり) : 물고기를 가늘게 썰어 말린 포이다.(깎아서 먹음)

스이모노(すいもの) : 맑은장국

스이쿠치(すいくち) : 유자, 산초 등을 국에 넣어 향기를 돋우는 향신료이다.

스즈메야키(すずめやき) : 등을 타서 양념장을 바른 붕어구이이다.

스즈메즈시(すずめずし) : 붕어의 배를 가르고 밥을 넣어 만든 초밥이다.

시라니(しらに) : 소금, 설탕만으로 삶는다.

시라스(しらす) : 멸치, 청어, 은어 등의 치어이다.

시라스보시(しらすぼし) : 말린 멸치

시라아에(しらあえ) : 참깨와 두부, 된장을 으깨어 채소 등으로 버무린 요리이다.

시라야키(しらやき) : 양념을 하지 않고 구운 것이다.

시라우오(しらうお) : 병어

시라카유(しらかゆ) : 흰죽

시라코(しらこ) : 생선의 정자

시메사바(しめさば) : 생고등어를 소금에 절인 후 식초에 담가 사용하는 요리이다.

시메카스(しめかす) : 콩의 기름을 짜낸 찌꺼기 깻묵이다.

시모후리(しもふり) : 살짝 데친 생선회이다.

시오아지(しおあじ) : 짠맛

시오즈케(しおづけ) : 채소를 소금에 절인 것이다.

시오카라(しおから) : 젓갈

시오카라이(しおからい) : 짜다

조우스이(ぞうすい) : 채소와 어패류 등을 잘게 썰어 섞고, 간장으로 간을 맞추어 끓인 죽이다.

지가미기리(じがみぎり) : 부채 모양 썰기

だ

다시마키(だしまき) : 달걀말이

다시와라(だしわら) : 다시를 간장 등에 넣어 희석한 것이다.

다시카케(だしかけ) : 국물이나 소스를 음식 위에 부어낸 요리이다.

다이콘나마스(だいこんなます) : 무나 당근을 씻어 구운 유부로, 산바이즈와 함께 무친 것이다.

다이콘오로시(だいこんおろし) : 무즙

도메완(ためわん) : 요리의 가장 끝에 먹는 것. 예를 들어, 밥을 먹을 때 내는 된장국이다.

도빈무시(どびんもし) : 주전자찜

도우자니(どうざに) : 술과 간장으로 짜게 끓인 것이다.

도이시(といし) : 숫돌

주우리키코(ちゅうりきこ) : 중력분

치라시즈시(ちらしずし) : 생선, 달걀부침이나 양념한 채소 등 고명을 얹은 초밥이다.

치리(ちり) : 냄비요리의 한 가지이다.

치리무시(ちりむし) : 지리찜

치마키즈시(ちまきずし) : 식초에 절인 도미를 초밥을 넣고 대나무잎으로 만 초밥이다.

치쿠와(ちきわ) : 어육을 으깨어 대나무에 말아 구이나 찜요리를 한 것이다.

타네(たね) : 요리의 재료

타마고(たまあご) : 달걀

타마고자케(たまござけ) : 달걀술

타마고토우후(たまごとうふ) : 달걀로 만든 두부

타마고토지(たまごとじ) : 달걀을 다시에 풀어 음식에 얹어내는 요리이다.

타마자케(たまざけ) : 물과 술을 섞는다는 뜻이다.

타마지(たまじ) : 달걀물

타이라가이(たいらがい) : 키조개

타이메시(たいめし) : 도미를 넣어 지은 밥이다.

타이면(たいめん) : 도미를 이용하여 만든 면요리이다.

타이야키(たいやき) : 속에 팥소를 넣어 구운 도미 모양의 과자이다.

타츠나누키(たつなぬき) : 나선 모양의 채소를 팔 때 쓰는 도구이다.

타츠나즈시(たつなずし) : 랩을 깐 마키스에 초밥 재료를 놓고 길게 올려 만 초밥이다.

타키아와세(たきあわせ) : 한 개의 그릇에 2가지 이상의 조림요리를 함께 담은 것이다.

타타키(たたき) : 재료를 다진 것. 생선을 겉만 구워 여러 재료를 넣고 만든 생선요리이다.

타테가와(たてがわ) : 생선살 간 것과 달걀을 섞어서 간을 한 다음 굽는 것이다.

타테시오(たてしお) : 소금맛을 재료에 들이거나 씻는 작업이다.

테리니(てりに) : 테리같이 윤기가 나도록 조린 요리이다.

테리라키(てりらき) : 생선의 내장을 손으로 제거하는 것이다.

테리야키(てりやき) : 간장양념구이

테바카리(てばかり) : 계량에 의하지 않고 경험에 의하여 눈짐작 또는 손감각으로 하는 분량의 조절이다.

테우치(てうち) : 우동, 소바 등을 기계로 만들지 않고 손으로 만든 것이다.

테즈(てず) : 초밥을 만들 때 손에 축이는 식초물이다.

텐가쿠야키(てんがくやき) : 채소, 생선, 곤약 등의 꼬치에 된장을 발라 구운 음식이다.

텐가쿠토우후(てんがくとうふ) : 두부를 꼬치에 된장을 발라 구운 음식이다.

텐뽀야키(てんぽやき) : 가늘게 썬 파를 깔고 생선살을 토기에 넣어 익힌 요리이다.

텐츠유(てんつゆ) : 튀김을 찍어먹는 소스이다.

텐카스(てんかす) : 튀김 찌꺼기

토리사시(とりさし) : 닭의 가슴살을 사시미한 것이다.

토사부시(とさぶし) : 토사에서 나는 고급 가다랑어포이다.

토시코시소바(としきしそば) : 해 넘기기 메밀국수이다.

토와리(とわり) : 조미료를 같은 양으로 섞는 것을 말한다.(예 : 간장 1, 설탕 1 또는 식초 1, 다시 1)

토코로텐(ところてん) : 우묵

な

나가사키료리(なかさきりょうり) : 나가사키 지역에서의 중국식 요리이다.

나가시바코(なかしばこ) : 굳힘틀, 찜틀

나나메기리(ななめぎり) : 무나 채소를 비스듬히 둥글게 썬 어슷썰기 방법이다.

나레즈시(なれずし) : 간한 생선의 뱃속에 밥을 넣고 누름돌로 눌러 자연히 발효시켜 신맛을 낸 초밥이다.

나마구사(なまこさ) : 비린내

나마메(なまめ) : 콩자반

나마스(なます) : 생선회, 육회

나마즈(なまず) ; 메기

나메코(なめこ) : 작은 식용버섯

나미이오로시(なみいおろし) : 한쪽부분의 몸만 드러내고, 다른 한쪽은 뼈가 붙어있는 생선 가르는 방법이다.

나베(なべ) : 냄비

나베모노(なべもの) : 냄비요리

나베야키우동(なべやきうどん) : 우동, 닭고기, 표고 등을 넣고 끓인 요리이다.

나카오치(なかおち) : 생선을 3장 뜨기 하고 난 다음, 중간뼈에 붙어 있는 생선살점이다.

난반요리(なんばんりょうり) : 중국풍의 요리로, 포르투갈과 스페인의 영향을 받았다.

낫토(なっと) : 일본의 발효콩으로 우리나라 청국장과 흡사하다.

네리모노(ねりもの) : 굳힘요리

네지우메(ねじうめ) : 매화열매 모양으로 자르고, 다시 동그랗게 잘라내는 작은 칼로 칼질하여 도려내는 자르는 방법 중의 하나이다.

네카스(ねかす) : 재료를 그냥 그대로 놔두거나 만들어진 요리를 오랫동안 놔두는 행위이다.

노리마키(のりまき) : 김초밥

노미모노(のみもの) : 마실 수 있는 음료나 술이다.

노시구시(のしぐし) : 꼬챙이를 말함. 구부러지기 쉽거나 직선 모양을 유지하고 싶을 때 사용하는 꼬챙이다.

노오코우지루(のおこうじる) : 진한 국물

노조키(のぞき) : 가늘고 긴 그릇의 명칭이다.

누카(ぬか) : 쌀, 보리, 조 등을 정백할 때 나오는 것으로 일반적으로 쌀겨를 말한다.

니기리메시(にぎりめし) : 주먹밥

니기리즈시(にぎりずし) : 주먹초밥

니모노(にもの) : 끓이는 요리이다.

니코고리(にこごり) : 생선껍질을 데쳐 젤라틴을 이용하여 만든 굳힘요리이다.

니쿠타타키(にくたたき) : 금속재 재질로 육질을 연하게 할 때 두드리는 기구이다.

니키리(にきり) : 알코올성분이 있는 미림이나 술을 끓여서 증발시키는 것이다.

니하이즈(にはいず) : 이배초, 간장과 식초를 같은 양으로 한 것이다.

니혼요리(にほんりょうり) : 일본요리

니혼슈(にほんしゅ) : 일본술

は

하나가타기리(はながたぎり) : 꽃모양 썰기

하나렌콘(はなれんじん) : 연근꽃

하라라고(はららご) : 생선 뱃속에 들어있는 알이다.

하라우치(はらうち) : 꼬챙이를 꽂아 굽는 것이다.

하루사메(はるさめ) : 당면

하리기리(はりぎり) : 바늘처럼 가늘게 써는 것이다.

하리노리(はりのり) : 김을 가늘게 채썰기 한 것이다.

하리쇼가(はりしょうが) : 가늘게 썬 생강이다.

하시(はし) : 젓가락

하시오키(はしおき) : 젓가락받침

하이센(はいせん) : 자신이 마신 술잔을 상대에게 건네기 위하여 잔을 씻는 물이 들어있는 그릇이다.

하치미츠(はちみつ) : 벌꿀

하코즈시(はこずし) : 틀에 눌러 만든 사각의 초밥이다.

한게츠기리(はんげつぎり) : 반달 모양으로 자르는 방법이다.

한다이(はんだい) : 밥상

호네누키(ほねぬき) : 생선의 가시를 뽑을 때 쓰는 도구이다.

호네키리(ほねきり) : 오로시할 때 가시를 발라내지 않고 그대로 자르면서 하는 것이다.

호로쿠(ほろく) : 무시야키에 주로 사용되며 질로 된 넓고 둥근 냄비이다.

호로쿠야키(ほろきやき) : 소금 깐 냄비에 재료를 넣고 오븐에 구워낸 것이다.

호소마키즈시(ほそまきずし) : 김을 반 장만 사용하여 가늘게 말아 싼 요리이다.

호시가키(ほしがき) : 곶감

호시나마코(ほしなまこ) : 말린 해삼

호시부도우(ほしぶどう) : 말린 포도

호시소바(ほしそば) : 말린 메밀국수

호시아와비(ほしあわび) : 말린 전복

호시에비(ほしえび) : 말린 새우

호시우동(ほしうどん) : 마른우동이나 국수

호시이이(ほしいい) : 밥을 말린 것이다.

호시이타케(ほしいたけ) : 말린 표고버섯

호시카이바시라(ほしかいばしら) : 말린 조개관자

호이로(ほいろ) : 건어물의 일종이다.

혼나오시(ほんなおし) : 소주와 미림을 혼합한 것으로, 요리할 때 사용하는 술이다.

혼부시(ほんぶし) : 고급 가츠오부시

혼젠요리(ほんぜんりょうり) : 일본의 사찰요리, 본선요리

후나즈시(ふなずし) : 붕어초밥

후리가케(ふりがけ) : 김, 깨소금, 소금 등을 가루로 만들어 조미한 식품이다.

후리시오(ふりしお) : 소금을 뿌리는 행위이다.

후리아지(ふりあじ) : 재료에 소금, 간장, 식초, 등을 뿌리는 것이다.

후미야키(ふみやき) : 생선을 구울 때 파, 생강 등을 함께 굽는다.

후시도리(ふしどり) : 생선의 지아이를 손질하는 것이다.

후시루리(ふしるり) : 가츠오부시 같은 다시를 뽑기 위해 만들어진 것이다.

후시오로시(ほしおろし) : 무즙을 산 모양으로 만든 후 와사비나 생강즙을 올린 것이다.

후짜요리(ふちゃりょうり) : 기름과 갈분을 많이 쓴 중국요리이다.

후쿠다미(ふくだみ) : 전복의 살과 내장을 다져서 젓갈을 담근 것이다.

후쿠라시코(ふくらしこ) : 베이킹파우더

후쿠로(ふくる) : 재료를 볶은 후 유부에 넣어 싼 것이다.

후쿠메니(ふこめに) : 채소, 밤, 건물 따위를 조리는 방법이다.

후키요세(ふきよせ) : 여러 가지를 한데 모음을 말한다.

후킨(ふきん) : 행주

후토마키즈시(ふとまきずし) : 김초밥. 굵게 만 김초밥

히다라(ひだら) : 건대구. 대구포

히라즈쿠리(ひらづくり) : 주로 사용하는 썰기방법으로 위에서 아래로 당겨 약간 두껍게 써는 방법이다.

히라키(ひらき) : 생선을 갈라서 펼쳐 말린 것이다.

히레자케(ひれざけ) : 데운 술에 복지느러미 태운 것을 넣은 것이다.

히시오(ひしお) : 간장에 해당하는 옛날 조미료이다.

히야(ひや) : 찬물

히야무기(ひやむぎ) : 냉국수

히야시모노(ひやしもの) : 찬요리로 여름철에 먹는 것이다.

히야시소멘(ひやしそめん) : 찬소면

히야얏코(ひややっこ) : 날두부를 작게 썰어 양념간장에 찍어먹는 음식이다.

히우오(ひうお) : 새끼은어

히이레(ひいれ) : 음식의 변질을 막기 위한 재가열이다.

히카리모노(ひざりもの) : 등푸른생선의 총칭이다.

히키기리(ひきぎり) : 짧고 힘 있게 당기는 느낌으로 사시미를 써는 방법 중 하나이다.

히키니쿠(ひきにく) : 갈거나 저민고기

ま

마나바시(まなばし) : 생선손질 시 사용하던 젓가락이다.

마나이타(まないた) : 요리할 때 사용하는 도마를 말한다. 버드나무나 은행나무를 제일로 치며, 이것들은 옹이가 있어도 단단하지 않고 좋다.

마루니(まるに) : 재료를 통째로 끓이거나 졸이는 것이다.

마루아게(まるあげ) : 닭, 생선 등을 통째로 튀기는 것이다.

마루호도키(まるほどき) : 작은 조류의 털을 제거한 후 통째로 배를 갈라 내장과 뼈를 제거하는 칼질법이다.

마메미소(まめみそ) : 콩된장

마사고(まさご) : 백사장의 모래를 연상시키는 요리재료 등에 이런 이름이 붙었다.

마사고아게(まさごあげ) : 작은 크기의 알갱이에 재료를 묻혀 튀긴 튀김요리이다.

마사고아에(まさごあえ) : 작은 크기의 알을 다른 재료에 무친 요리이다.

마제메시(まぜめし) : 마제 고항이라고도 하며, 일종의 비빔밥이다.

마츠가와고보(まつがわごぼう) : 우엉의 껍질을 벗기지 않고 조린 요리이다.

마츠노미(まつのみ) : 솔방울 안에 있는 하얀 열매이다.

마츠바기리(まつばぎり) : 솔잎처럼 가늘게 써는 방법이다.

마츠바아게(まつばあげ) : 건메밀국수를 1㎝ 정도로 잘라 다른 재료에 묻혀 튀긴 요리이다.

마츠바야키(まつばやき) : 송이버섯이나 은행, 흰살생선 등을 종이나 호일로 말아서 굽는 것이다.

마츠카사다이(まつかさだい) : 도미를 껍질째 끓는물에 데친 것이다.

마츠카사이카(まつかさいか) : 오징어에 비스듬히 칼집을 넣고 데친 것이다.

마츠타케메시(まつたけめし) : 송이버섯밥

마코(まこ) : 생선류의 알

마쿠노우치(まくのうち) : 도시락

마키스(まきす) : 김발

만주(まんじゅう) : 만두

맛차(まっちゃ) : 녹차를 갈아서 분말로 만든 가루차이다.

메네기(めねぎ) : 파의 싹

메노바(めのば) : 와카메(미역) 별칭. 미역의 새싹을 건조시켜 구워 비빈 다음 뜨거운 밥에 뿌려먹는다.

메다마야키(めだまやき) : 달걀부침, 달걀프라이

메시(めし) : 백반, 식사, 밥

메우치(めうち) : 조리용 송곳

멘루이(めんるい) : 면

멘타이코(めんたいこ) : 명란젓

멘토라(めんとら) : 무 등의 면을 부드럽게 다듬는 것이다.

모도스(もどす) : 말렸던 재료를 불려놓는 것이다.

모리소바(もりさば) : 메밀국수

모리아와세(もりあわせ) : 여러 요리를 한군데 모아놓은 것이다.

모리츠케(もりつけ) : 주방의 파트 중 하나로, 요리를 담고 장식하는 것이다.

모멘후(もめんとうふ) : 보통두부

모모니쿠(ももにく) : 육류의 넓적다리

모미노리(もみのり) : 구운김을 먹기 좋게 부숴놓은 것이다.

모미지오로시(もみじおろし) : 빨간무즙

모치(もち) : 떡

모치고(もちご) : 찹쌀가루

무기메시(むぎめし) : 보리밥

무기미소(みぎみそ) : 보리를 넣어 숙성시킨 된장이다.

무기차(みぎちゃ) : 보리차

무기코(みぎこ) : 밀가루, 보릿가루

무라메(むらめ) : 발아 직후 시소(차조기)의 어린 싹

무스비(むすび) : 주먹밥

무시가이(むしがい) : 찐조개를 말하지만, 전복의 생선찜요리가 처음 나온다. 고급요리의 하나이다.

무시모노(むしもの) : 찜요리

무시야키(みしやき) : 오븐에 구운 구이요리

무시키(むしき) : 찜통

무코우이타(むこういた) : 조리사(생선을 취급하는 곳)

무코우즈케(むこうつけ) : 회석요리에서 나오는 생선회이다.

무키모노(むきもの) : 식재료를 모양내어 조각한 것이다.

무키미(むきみ) : 조갯살

무키에비(むきえび) : 껍질벗긴 새우

미나토기리(みなとぎり) : 칼질법의 하나로, 색종이 길이의 정사각형을 엇비슷하게 반등분하여 그 한쪽을 미나토라 한다.

미소니(みそに) : 된장조림

미소스키(みそすき) : 냄비요리 중 하나로 스키야키에 된장을 푼 것이다.

미소시루(みしじる) : 된장국

미소츠케(みしつけ) : 된장절임

미즈(みず) : 물

미즈가라시(みずがらし) : 물에 푼 겨자분

미즈가시(みずがし) : 구다모노라고도 하며 과일을 말한다.

미즈가이(みずがい) : 전복회요리

미즈다키(みずだき) : 닭냄비요리

미즈사이바이(みずさいばい) : 수경재배

미즈아메(みずあめ) : 물엿

미진기리(みじんぎり) : 잘게 다져 써는 방법이다.

미진코(みじんこ) : 찹쌀 미숫가루(장백한 찹쌀을 쪄서 건조시켜 가루로 만든 것)

미진코아게(みじんこあげ) : 미진코를 묻혀 튀긴 튀김요리이다.

미츠바(みつば) : 파드득나물

미츠카와즈쿠리(みつかわづくり) : 시모후리지쿠리라고도 하며, 도미를 껍질째 썰어낸 생선회이다.

야나기바(やなぎば) : 관서형의 생선칼

야사이(やさい) : 채소류

야와라카니(やわらかに) : 건어물을 조려 부드러운 상태로 만드는 것이다.

야쿠미(やくみ) : 넓은 의미로 향신료를 뜻한다.

야키메(やきめ) : 겉에 탄 자국이 남게 구운 것이다.

야키소바(やきそば) : 볶은 메밀국수

야키우후(やきとうふ) : 구운두부

야키토리(やきとり) : 닭꼬치구이

요세나베(よせなべ) : 계절의 재료를 모아 다시에 조리면서 끓여먹는 냄비요리이다.

요세모노(よせもの) : 흰살생선을 갈아 가공한 식품이다.

요시노(よしの) : 갈분을 풀어 만드는 것이다.

유데타마고(ゆでたまこ) : 삶은달걀

유무키(ゆむき) : 재료에 뜨거운 물을 부어 껍질을 벗기기 쉽게 하는 것이다.

유비키(ゆびき) : 생선껍질에 끓는물을 부어 찬물에 식혀 먹는 생선회 조리법이다.

유안야키(ゆあんやき) : 간장과 미림, 술을 이용하여 담갔다가 굽는 방법이다.

ら

라센기리(らせんぎり) : 소용돌이 모양으로 써는 방법이다.

란기리(らんぎり) : 채소를 삼각 모양으로 써는 방법이다.

わ

와가시(わがし) : 일본과자

와가케(わがけ) : 재료에 생선이나 고기의 으깬살을 묻혀서 튀긴 것이다.

와기리(わぎり) : 둥근 모양의 재료를 길게 놓고 써는 것이다.

와라바시(わらばし) : 일회용 나무젓가락

와라비(わらび) : 고사리

완다네(わんだね) : 맑은국을 끓일 때 넣는 재료이다.

완모리(わんもり) : 맑은국

완츠마(わんつま) : 맑은국이나 국물요리에 띄워주는 채소잎이다.

NCS를 기반으로 한 일본요리

일식 · 복어조리

NCS 1301010404_13v1 일식 국물조리
NCS 1301010408_13v1 일식 회조리
NCS 1301010410_13v1 일식 구이조리
NCS 1301010406_13v1 일식 조림조리
NCS 1301010409_13v1 일식 튀김조리
NCS 1301010407_13v1 일식 찜조리
NCS 1301010402_13v1 일식 초회조리
NCS 1301010403_13v1 일식 무침조리
NCS 1301010413_13v1 일식 초밥조리
NCS 1301010412_13v1 일식 밥류조리
NCS 1301010405_13v1 일식 냄비조리
NCS 1301010411_13v1 일식 면류조리
NCS 1301010422_13v1 복어 회조리
NCS 1301010426_13v1 복어 냄비조리

채점대상에서 제외되는 경우

- 불을 사용하여 만든 조리작품이 작품특성에 벗어나는 정도로 타거나 익지 않는 것
- 오작
  요리의 형태를 다르게 만들거나 해당과제의 지급재료 이외의 재료를 사용한 경우
- 미완성
  문제의 요구사항대로 작품의 수량이 만들어지지 않은 경우
  요구작품 두 가지 중 한 가지 작품만 만들었을 경우
  주어진 시간 내에 완성하지 못한 경우

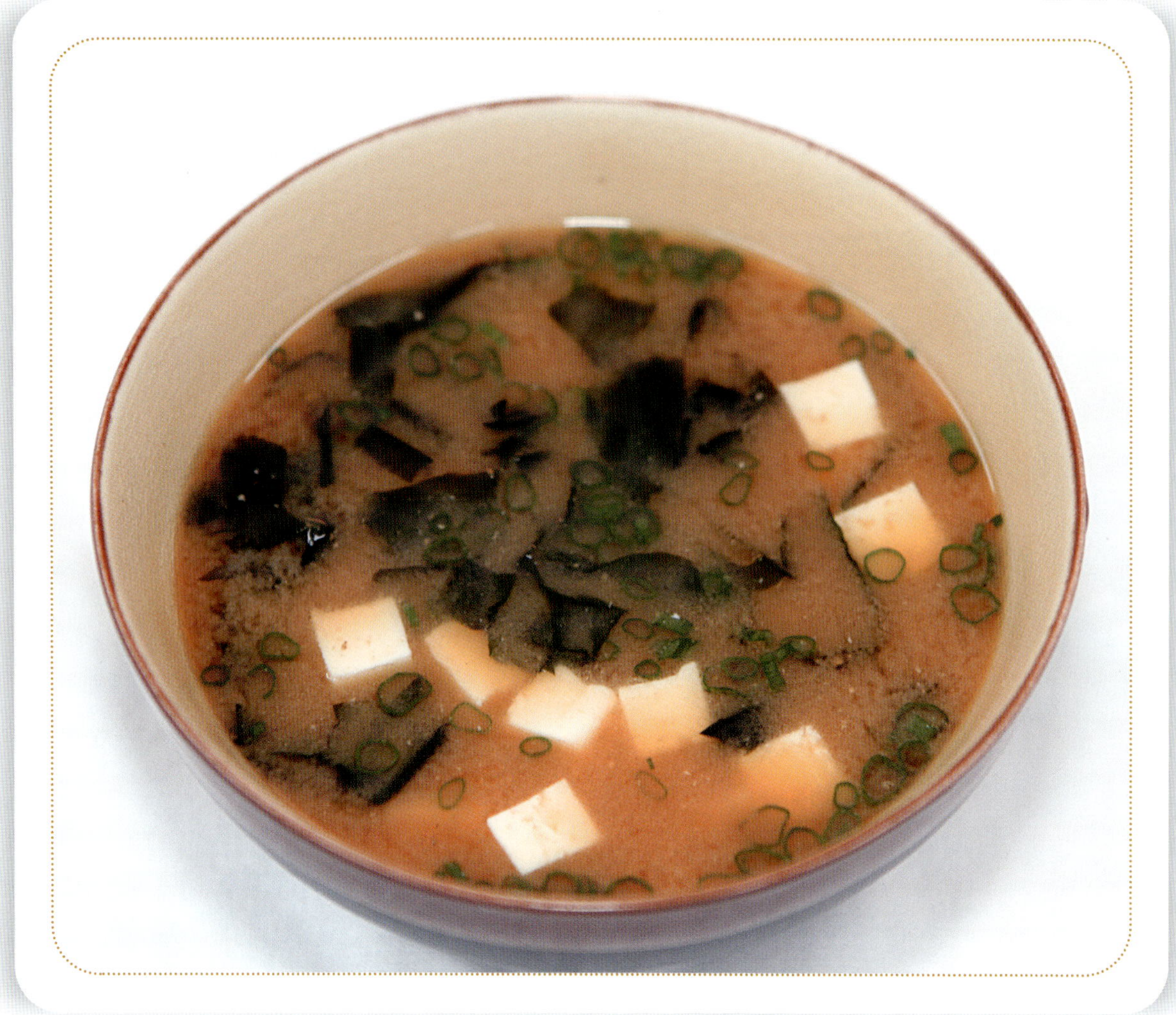

조리시간 20분

된장국 味噌汁 | みそじる

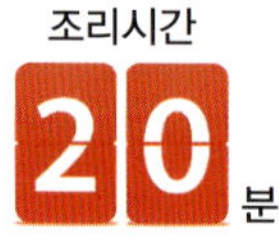

요구사항

주어진 재료를 사용하여 '된장국'을 만드시오.

1 다시마와 가다랑어포로 국물을 만드시오.
2 두부는 1㎝×1㎝×1㎝로 썬 다음 데쳐 사용하시오.
3 1의 국물에 된장을 풀어 체에 거른 후 간하여 그릇에 담아 완성하시오.

수험자 유의사항

1 채소는 크기가 알맞게 썬다.
2 된장을 풀어 끓일 때 졸아들거나 타지 않도록 한다.
3 잘못되어 다른 물을 사용하지 않아야 한다.
4 다른 품목과 같이 완료하여 식지 않아야 한다.
5 조리작품 만드는 순서는 틀리지 않게 하여야 한다.
6 숙련된 기능으로 맛을 내야하므로 조리작업 시 음식의 맛을 보지 않는다.

만드는 법

1 재료를 확인하고 분리한다.
2 다시마는 젖은 면포로 닦아 찬물 2컵 정도에 넣고 서서히 끓이는데 끓으면 다시마는 건져내고 가츠오부시를 넣고 불을 끈 뒤 5분 후에 면포에 맑게 걸러낸다.
3 두부는 사방 1㎝×1㎝의 주사위 모양으로 썰어 끓는 소금물에 데친 후 찬물에 헹군다.
4 미역을 끓는 소금물에 데친 다음 찬물에 헹궈 2~3㎝ 정도로 자른다.
5 실파는 잘게 썰어 찬물에 헹궈 물기를 뺀다.
6 2의 다시물 2컵을 냄비에 넣고 끓이다가 적된장 2큰술을 체에 밭쳐 푼다.
7 된장국이 끓어오르면 거품을 제거하고 청주 1T을 넣고 살짝 끓인다.
8 완성그릇에 두부와 미역, 실파를 담고 된장국을 8부 정도 부은 후 산초가루를 뿌려 완성한다.

재료 및 분량

적된장 40g
건다시마(5cm×10cm) 1장
판두부 20g
실파(1뿌리) 20g
산초가루 1g
가다랑어포(가츠오부시) 15g
건미역 5g
청주 20ml

Chef's Note

- 찬물에 다시마를 넣어 다시 만들기
- 두부 1㎝×1㎝×1㎝ 크기로 썰기
- 된장 풀어 간하기
- 그릇에 준비한 재료를 먼저 담기

NCS

과정/과목명 : 1301010404_13v1 일식 국물조리

- **훈련목표** : 제철에 나는 주재료를 사용하여 맛과 향을 중요시하게 조리하는 능력 함양
- **수준** : 3
- **최소훈련시간** : 20
- **권장훈련방법** : 집체훈련

- **평가 시 고려사항** : 평가자는 다음 사항을 평가해야 한다.
  - 기본 국물의 사용능력
  - 국물요리의 향미재료 사용능력
  - 식재료 취급능력
  - 조리도구의 사용능력
  - 재료의 전처리 준비과정의 적정성
  - 국물을 맑고 깨끗하게 우려내는 능력
  - 국물조리의 완성도
  - 조리순서 과정

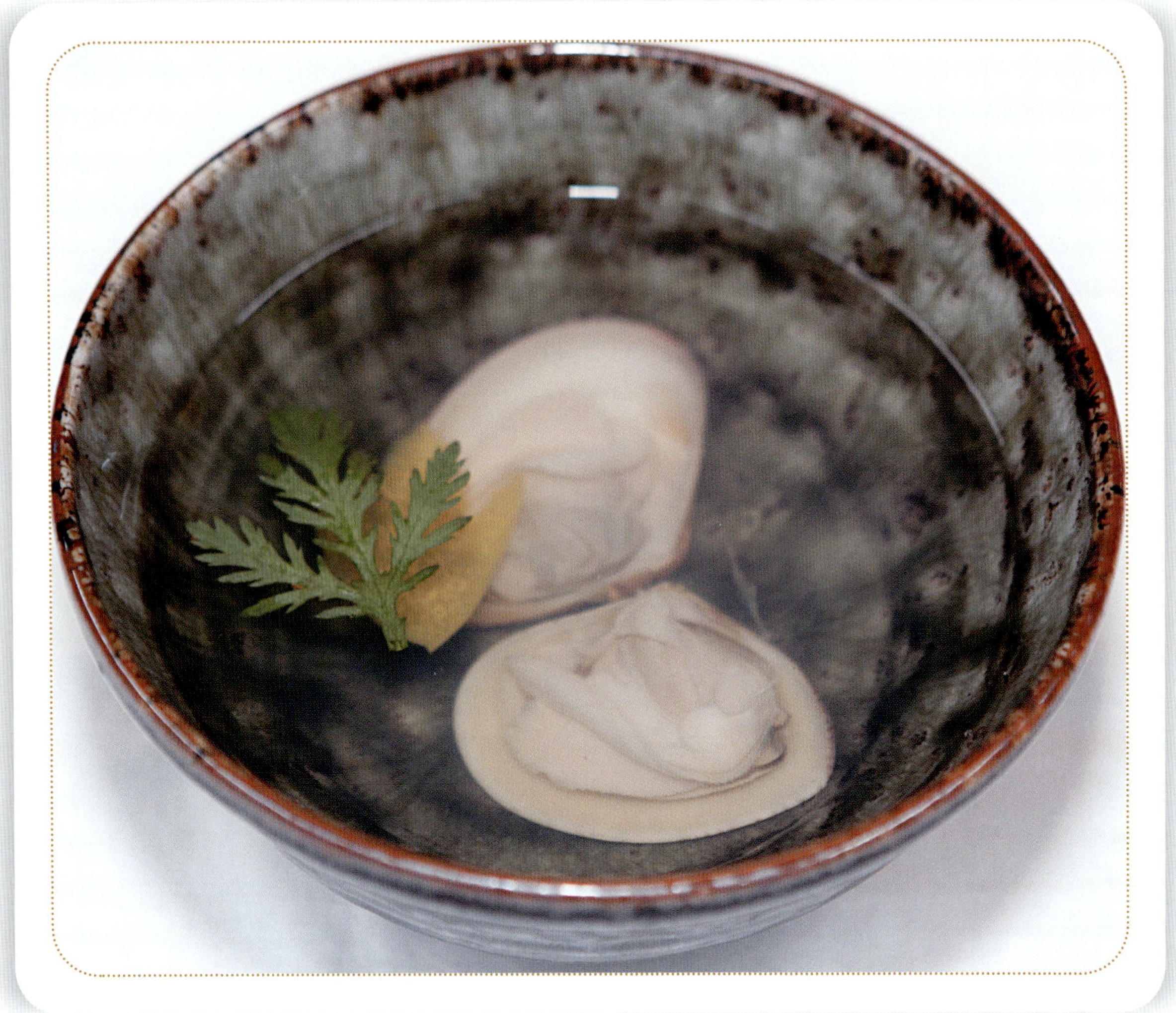

대합맑은국 蛤吸い物 | はまぐりすいもの

조리시간
20분

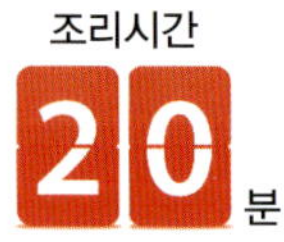

요구사항

주어진 재료를 사용하여 '대합맑은국'을 만드시오.

1. 조개상태를 확인한 후 해감하시오.
2. 다시마와 백합조개를 넣어 끓으면 다시마를 건져내시오.

수험자 유의사항

1. 찬물에 조개를 넣어 끓어올라 국물이 잘 우러나오도록 한다.
2. 곁들일 채소를 밑손질하여 사용할 수 있도록 한다.
3. 조개국물에 간을 하여 약간 싱거운 맛이 나야 한다.
4. 다른 품목과 같이 뜨거울 때 완성하여야 한다.
5. 조리작품 만드는 순서는 틀리지 않게 하여야 한다.
6. 숙련된 기능으로 맛을 내야하므로 조리작업 시 음식의 맛을 보지 않는다.

만드는 법

1 재료를 확인 및 분리 후 쑥갓은 찬물에 담근다.
2 대합은 신선한 것으로 골라 소금물에 담가 해감한다.
3 석회질을 제거한 죽순은 끓는 소금물에 데쳐 빗살 모양으로 2쪽 준비한다.
4 레몬껍질로 오리발 모양을 만든다.
5 젖은 행주로 닦은 다시마와 찬물 2컵에 대합과 넣고, 약한 불에 끓이면서 거품을 제거한 후 다시마를 먼저 건져내고 대합도 입을 벌리면 건져낸다.
6 조개를 끓일 때 조개가 충분히 물에 잠기지 않거나 익는 도중에 조개를 흔들거나 충격을 가하면, 익어도 입이 벌어지지 않는 경우가 발생한다.
7 관자에서 살을 분리하여 양쪽 껍질에 담아 놓는다.
8 대합국물은 면포에 걸러 소금 ½ts, 청주 1ts로 간을 하여 맛을 내어 살짝 끓인다.
9 완성그릇에 담아둔 대합과 데친 죽순을 담고, 여기에 대합국물을 8부 정도 붓는다.
10 준비된 쑥갓과 오리발을 띄워낸다.

재료 및 분량

백합조개 2개
쑥갓 10g
레몬 ¼개
청주 5ml
소금(정제염) 10g
연간장 50ml
건다시마(5cm×10cm) 1장

Chef's Note

- 조개를 골라 찬물에 다시마와 함께 육수 만들기
- 레몬, 쑥갓 손질하기
- 조개 익히기
- 육수에 간을 하여 간장으로 색 내기
- 조개와 곁들임이 그릇에 담겨 있기

NCS 과정/과목명 : 1301010404_13v1 일식 국물조리

- 훈련목표 : 제철에 나는 주재료를 사용하여 맛과 향을 중요시하게 조리하는 능력 함양
- 수준 : 3
- 최소훈련시간 : 20
- 권장훈련방법 : 집체훈련

- 평가 시 고려사항 : 평가자는 다음 사항을 평가해야 한다.
  - 기본 국물의 사용능력
  - 국물요리의 향미재료 사용능력
  - 식재료 취급능력
  - 조리도구의 사용능력
  - 재료의 전처리 준비과정의 적정성
  - 국물을 맑고 깨끗하게 우려내는 능력
  - 국물조리의 완성도
  - 조리순서 과정

도미머리맑은국 鯛頭吸い物 | たいあたますいもの

요구사항

주어진 재료를 사용하여 '도미머리맑은국'을 만드시오.

1 도미머리 부분을 반으로 갈라 50~60g 정도 크기로 사용하시오.
(도미 몸통(살) 사용할 경우 오작처리)
2 소금을 뿌려 놓았다가 끓는물에 데쳐 손질하시오.
3 다시마와 도미머리를 넣어 은근하게 국물을 만들어 간하시오.
4 대파의 흰부분은 곱게 채를 썰어 사용하시오.(시라가네기)
5 간을 하여 각 곁들일 재료를 넣어 국물을 부어 완성하시오.

수험자 유의사항

1 도미에 비늘이나 불순물이 없도록 손질한다.
2 다시마 국물에 도미를 넣어 적당하게 화력을 조절하여야 한다.
3 곁들일 재료도 적당한 크기로 그릇에 담아놓아야 한다.
4 국물에 비린내가 나지 않도록 한다.
5 다른 작품과 같은 시간에 완료시켜 뜨겁게 완성한다.
6 조리작품 만드는 순서는 틀리지 않게 하여야 한다.
7 숙련된 기능으로 맛을 내야하므로 조리작업 시 음식의 맛을 보지 않는다.

만드는 법

1 재료 확인 및 분리하고 정리한다.
2 도미머리는 반으로 가르고, 아가미의 불순물을 제거한 후 깨끗이 씻어 소금을 뿌려둔다.
3 2의 도미를 끓는 소금물에 데친 후 찬물에 헹궈 비늘과 불순물을 제거한다.
4 대파 흰부분을 가늘게 채 썰어 찬물에 담가둔다.
5 석회질을 제거한 죽순을 데쳐낸 후 빗살 모양으로 2쪽 준비한다.
6 레몬으로 오리발 모양을 만든다.
7 찬물 2컵에 젖은 행주로 닦은 다시마와 손질한 도미를 넣고 약한불에서 은근히 끓기 시작하면 다시마를 건져낸 다음, 도미가 익으면 건져 불순물을 제거하고 완성그릇에 담는다.
8 위의 국물에 청주 1ts, 소금 ½ts로 맛을 낸 후 살짝 끓인다.
9 도미가 담긴 완성그릇에 죽순을 담고 국물을 8부 정도 부은 후 대파 가늘게 썬 것과 오리발을 띄워낸다.

재료 및 분량

도미(200~250) 1마리
대파(흰부분) 1토막
죽순 30g
건다시마(5cm×10cm) 1장
소금(정제염) 20g
연간장 5ml
레몬 ¼개
청주 5ml

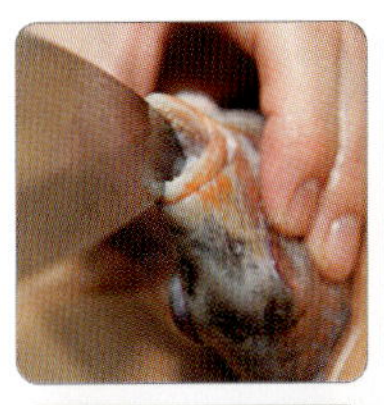
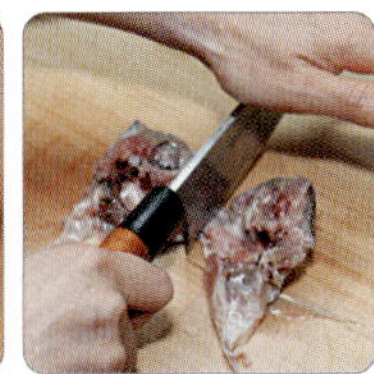

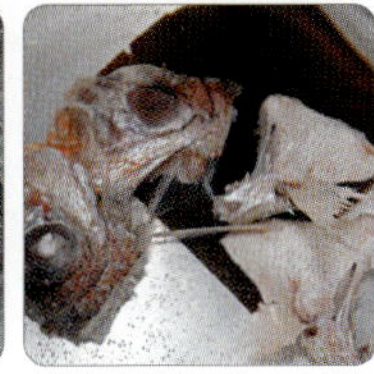

Chef's Note

- 도미머리 반으로 갈라 소금을 뿌리기
- 도미머리와 다시마를 넣어 국물을 내기
- 국물에 간하기
- 곁들임 채소 만들기

NCS

과정/과목명 : 1301010404_13v1 일식 국물조리

- **훈련목표** : 제철에 나는 주재료를 사용하여 맛과 향을 중요시하게 조리하는 능력 함양
- **수준** : 3
- **최소훈련시간** : 20
- **권장훈련방법** : 집체훈련

- **평가 시 고려사항** : 평가자는 다음 사항을 평가해야 한다.
  - 기본 국물의 사용능력
  - 국물요리의 향미재료 사용능력
  - 식재료 취급능력
  - 조리도구의 사용능력
  - 재료의 전처리 준비과정의 적정성
  - 국물을 맑고 깨끗하게 우려내는 능력
  - 국물조리의 완성도
  - 조리순서 과정

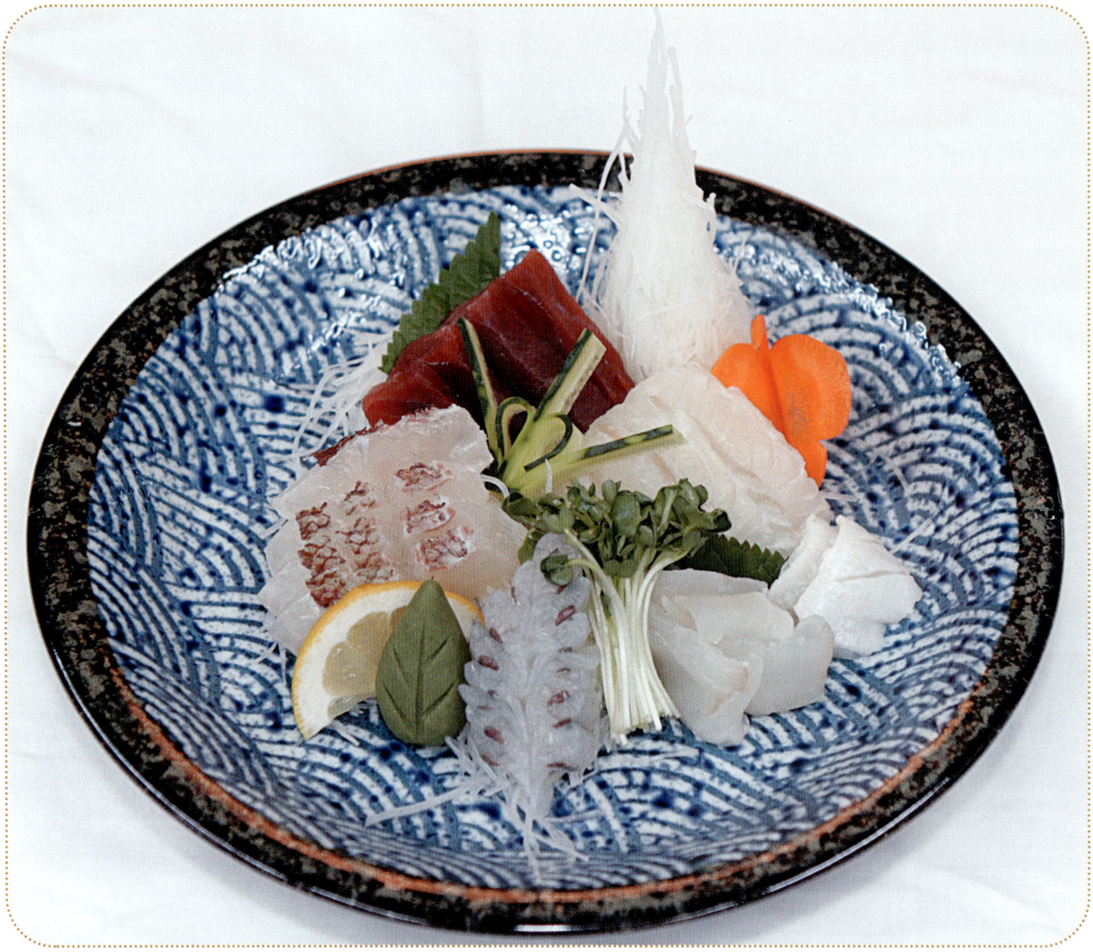

생선모둠회 刺身盛り合せ | さしみもりあわせ

조리시간 30분

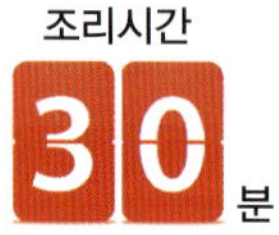

요구사항

주어진 재료를 사용하여 '생선모둠회'를 만드시오.

1 각 생선을 밑손질하시오.
2 무를 돌려깎기(가츠라무키) 한 후 가늘게 채 썰어 사용하시오.
3 당근은 나비 모양, 오이는 왕관 모양으로 장식하여 내시오.

수험자 유의사항

1 각 어류에 비린내가 나지 않도록 밑손질한다.
2 각종 채소류를 먹기 좋고, 보기 좋게 장식할 수 있도록 썬다.
3 생선회를 규격에 알맞게 썬다.
4 생선회 접시에 색상이 알맞도록 담는다.
5 조리작품 만드는 순서는 틀리지 않게 하여야 한다.
6 숙련된 기능으로 맛을 내야하므로 조리작업 시 음식의 맛을 보지 않는다.

만드는 법

재료 및 분량

붉은색참치살 60g
광어(3cm×8cm 이상) 50g
도미살 50g
학꽁치 ½마리
무 400g
당근 60g
무순 5g
고추냉이 10g
오이(20cm 정도) ⅓개
레몬 ⅛쪽
깻잎(시소) 4장

1 재료 확인 및 분리 후 청차조기잎과 무순은 찬물에 담가둔다.
2 참치는 미지근한 소금물에 담가 해동한 후 건져 면포에 싸둔다.
3 도미는 비늘을 벗기고, 3장 뜨기 후 껍질을 제거하고 면포에 싸둔다.
4 광어는 비늘을 벗기고, 3장 뜨기 후 껍질을 제거하고 면포에 싸둔다.
5 학꽁치는 비늘을 제거하고, 3장 뜨기 후 칼등으로 껍질을 벗기고, 배쪽은 잔뼈를 도려낸다.
6 무는 껍질을 제거하고 돌려깎기 하여 얇고 길게 채 썰어 무채(켕)를 만들어서 찬물에 담가둔다.
7 당근은 나비 모양이나 꽃 모양으로 만들어 찬물에 담가둔다.
8 오이는 왕관 모양으로 만들어 찬물에 담가둔다.
9 레몬은 2쪽 준비하고, 청차조기잎과 무순도 정리해서 준비한다.
10 와사비는 천물에 개어 모양을 잡아놓는다.
11 참치는 1㎝ 크기로 3쪽 자르고, 광어는 얇게 3쪽 정도 포를 당겨 자르고, 도미도 도톰하게 3쪽 정도 자르고, 꽁치는 배쪽 잔뼈를 제거하고 이등분하여 겹쳐서 나뭇잎 모양으로 한다.
12 당근나비, 오이왕관, 레몬, 무순으로 장식하여 담아낸다.

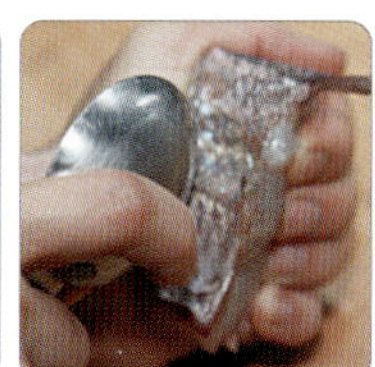
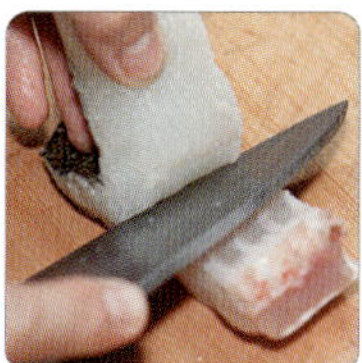
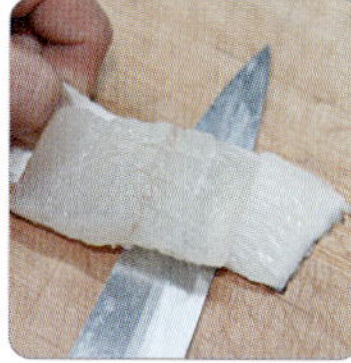

Chef's Note

- 도미, 광어, 학꽁치 생선 손질하기
- 무 돌려깎기(가츠라무키) 하기
- 생선회 장식 만들기(왕관 모양, 나비 모양)
- 규격에 맞게 생선회 썰기

NCS

과정/과목명 : 1301010408_13v1 일식 회조리

- 훈련목표 : 다양한 어패류를 사용하여 회 조리하는 능력 함양
- 수준 : 5
- 최소훈련시간 : 20
- 권장훈련방법 : 집체훈련

- **평가 시 고려사항** : 평가자는 다음 사항을 평가해야 한다.
  - 식재료의 손질하기
  - 부재료(쓰마, 겡)의 곁들임 활용능력
  - 생선회 재료 처리능력
  - 신선도 유지능력
  - 생선회 자르기능력
  - 양념간장 활용능력
  - 생선회 담기능력
  - 조리의 숙련도
  - 부재료의 활용능력
  - 위생적인 조리과정

삼치소금구이 鰆塩燒き | さわらしおやき

조리시간

요구사항

주어진 재료를 사용하여 '삼치소금구이'를 만드시오.

1 삼치는 세 장 뜨기 한 후 소금을 뿌려 10~20분 후 씻고, 꼬챙이에 끼워 구이를 하시오.(석쇠를 사용할 경우 감점)
2 채소는 각각 초담금 및 조림을 하시오.
3 구이그릇에 삼치소금구이와 곁들임을 담아 완성하시오.
4 길이 10㎝로 2조각을 제출하시오.(단, 지급된 재료의 길이에 따라 가감한다.)

수험자 유의사항

1 소금은 짜지 않도록 뿌린다.
2 다시마 국물을 만든다.
3 초담금 국물을 만들어 초절임한다.
4 곁들임을 각각 간이 알맞도록 만든다.
5 겉표면이 타지 않도록 화력조절을 잘한다.
6 조리작품 만드는 순서는 틀리지 않게 하여야 한다.
7 숙련된 기능으로 맛을 내야하므로 조리작업 시 음식의 맛을 보지 않는다.

만드는 법

1 재료를 확인 및 분리한 후 깻잎은 찬물에 담가둔다.
2 다시마는 젖은 면포로 닦아 찬물 2컵 정도에 넣고 서서히 끓이는데, 끓으면 다시마는 건져내고 불을 끈다.
3 삼치는 머리를 자르고 배를 갈라서 내장을 뺀 다음 씻어 물기를 닦고 3장 뜨기 한다.
4 포 뜬 삼치는 껍질쪽에 칼집을 넣은 후 앞뒤로 소금을 뿌려 준비해 둔다.
5 식초 2큰술, 물 2큰술, 설탕 1큰술, 소금 약간을 살짝 끓여 식혀 단촛물을 만든다.
6 무는 2cm 두께로 준비하여 ⅔ 길이로 가로, 세로 칼집을 넣은 다음, 뒤집어서 사방 2cm 크기로 썰어 소금에 절인 후 씻어 물기를 꼭 짠 다음 단촛물에 담가둔다.(키쿠하나기리)
7 껍질을 벗긴 우엉은 길이 5cm 정도의 나무젓가락 굵기로 썰어 끓는물에 데친 후 다시물 ½C, 청주 1Ts, 설탕 1Ts, 간장 1Ts을 넣고 윤기나게 조려준다.
8 레몬은 반달 모양으로 자른다.
9 삼치에 소금간이 배면 물로 씻어 소금기를 제거한 후 구시에 끼워, 다시 껍질쪽에 소금을 살짝 뿌려 껍질쪽부터 타지 않도록 앞뒤로 완전히 익힌다.
10 완성그릇에 깻잎을 깔고 삼치의 껍질쪽이 위로 보이게 놓고 절인무, 우엉, 레몬을 곁들여 완성한다.

재료 및 분량

삼치(400~450) ½마리
레몬 ¼개
깻잎 1장
소금(정제염) 30g
무 50g
우엉 60g
식용유 10ml
식초 30ml
건다시마(5cm×10cm) 1장
진간장 30ml
백설탕 30g
청주 15ml
흰참깨(볶은 것) 2g
대꼬챙이(30cm) 3개
맛술(미림) 10ml

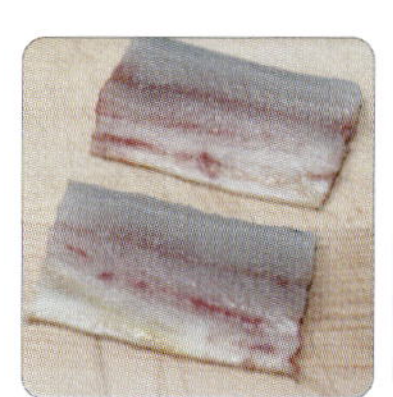

Chef's Note

- 삼치 손질하기
- 곁들임 채소 손질하기
- 무절임 만들기(키쿠하나기리)
- 삼치 익히기

과정/과목명 : 1301010410_13v1 일식 구이조리

- 훈련목표 : 다양한 식재료를 직접구이와 간접구이로 익혀내는 구이조리 하는 능력 함양
- 수준 : 3
- 최소훈련시간 : 20
- 권장훈련방법 : 집체훈련

- 평가 시 고려사항 : 평가자는 다음 사항을 평가해야 한다.
  - 식재료의 손질하기
  - 위생적인 조리과정
  - 구이용 도구의 활용능력
  - 화력 조절능력
  - 곁들임 활용능력
  - 구이조리의 완성도
  - 구이조리의 숙련정도

조리시간 20분

소고기간장구이 牛肉醬油焼き | ぎゅうにくしょうゆやき

요구사항

주어진 재료를 사용하여 '소고기간장구이'를 만드시오.

1 양념간장(다래)과 생강채(하리쇼가)를 준비하시오.
2 소고기를 두께 1.5㎝, 길이 3㎝로 자르시오.
3 프라이팬에 구이를 한 다음, 양념간장(타레)을 발라 완성하시오.

수험자 유의사항

1 조리작품 만드는 순서는 틀리지 않게 하여야 한다.
2 숙련된 기능으로 맛을 내야하므로 조리작업 시 음식의 맛을 보지 않는다.

만드는 법

1 재료를 확인 및 분리한다.
2 다시마는 젖은 면포로 닦아 찬물 2컵 정도에 넣고 끓여 은근히 끓어오르면 다시마는 건져내고 불을 끈다.
3 소고기의 핏물을 제거한 후 기름기와 힘줄을 제거하고, 두께 1.5㎝ 썬 후 칼로 두들겨서 부드럽게 한 후 소금, 후추로 밑간을 한다.
4 냄비에 청주를 넣고 알코올을 제거한 후 다시물 ½컵, 청주 1Ts, 간장 2Ts, 미림 1Ts, 설탕 1Ts를 넣고 ⅓ 정도가 되도록 졸인다.
5 생강을 최대한 얇게 채 썰어 물에 헹궈 찬물에 담가둔다.
6 3의 소고기를 달군 팬에 식용유를 두르고, 센불에서 앞뒤로 구워주면서 손가락으로 눌러 핏물이 거의 나오지 않으면 약불로 줄인다. 데리야키소스를 조금씩 발라가며 앞뒤로 구워준다.
7 데리야키소스를 3회 정도 앞뒤로 발라가며 중간 정도로 굽는다.
8 완성된 소고기 간장구이를 도마에 옮긴 후 폭 3㎝ 정도가 되도록 옆으로 어슷하게 썰어서 접시에 담고, 데리야키소스를 위에 덧바른 후 산초가루를 뿌리고 생강채를 앞쪽 우측에 곁들여 완성한다.

재료 및 분량

소고기(등심) 160g
건다시마(5cm×10cm) 1장
통생강 30g
검은후춧가루 5g
청주 50mℓ
진간장 50mℓ
산초가루 3g
소금(정제염) 20g
식용유 100mℓ
백설탕 30g
깻잎 1장
맛술(미림) 50mℓ

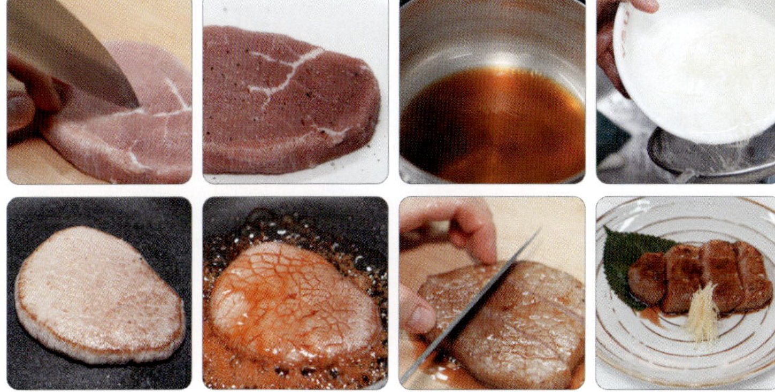

Chef's Note

- 소고기 힘줄 제거하기
- 알코올을 제거한 청주에 간장과 설탕을 넣어 양념간장 만들기
- 고기 익히기
- 반쯤 구워졌을 때 양념간장 바르기
- 3~4㎝로 썰어 담기

NCS

과정/과목명 : 1301010410_13v1 일식 구이조리

- **훈련목표** : 다양한 식재료를 직접구이와 간접구이로 익혀내는 구이조리 하는 능력 함양
- **수준** : 3
- **최소훈련시간** : 20
- **권장훈련방법** : 집체훈련

- **평가 시 고려사항** : 평가자는 다음 사항을 평가해야 한다.
  - 식재료의 손질하기
  - 위생적인 조리과정
  - 구이용 도구의 활용능력
  - 화력 조절능력
  - 곁들임 활용능력
  - 구이조리의 완성도
  - 구이조리의 숙련정도

달걀말이 出し巻 | だしまき

조리시간 25분

요구사항

주어진 재료를 사용하여 '달걀말이'를 만드시오.

1 달걀과 가다랑어국물(가츠오다시), 소금, 설탕, 맛술(미림)을 섞은 후 가는 체에 거르시오.
2 젓가락을 사용하여 달걀말이를 한 후, 김발을 이용하여 사각 모양을 만드시오.
3 길이 8㎝, 높이 2.5㎝, 두께 1㎝ 정도로 썰어 8개를 만들고, 완성되었을 때 틈새가 없도록 하시오.
4 달걀말이(다시마키)와 간장무즙을 접시에 보기 좋게 담아내시오.

수험자 유의사항

1 달걀을 말 때 주걱이나 손을 사용할 경우는 감점 처리한다.
2 조리작품 만드는 순서는 틀리지 않게 하여야 한다.
3 숙련된 기능으로 맛을 내야하므로 조리작업 시 음식의 맛을 보지 않는다.

만드는 법

1 재료 확인 및 분리 후 시소는 찬물에 담근다.
2 다시마는 젖은 면포로 닦아 찬물 2컵 정도에 넣고 서서히 끓이는데, 끓으면 다시마는 건져내고 가츠오부시를 넣고 불을 끈 뒤 5분 후에 면포에 맑게 걸러낸다.
3 믹싱볼에 달걀 6개를 넣고 가츠오다시 6Ts, 설탕 2Ts, 미림 1ts, 소금 1ts, 간장을 조금 넣어 조리용젓가락으로 거품이 일지 않도록 풀어 준 다음 고운체에 걸려준다.
4 종이타월로 사각팬에 기름을 살짝 발라준 다음, 달걀물 70cc를 떠서 넣어 달걀물을 고르게 펴고, 달걀 표면에 기포가 생기면 조리용 젓가락으로 기포를 터뜨린다.
5 달걀물이 반숙인 상태에서 사각팬 앞쪽을 들어, 손잡이쪽으로 살며시 당기며 달걀을 안쪽으로 말이 들어올린다.
6 이 동작을 1~2회 반복한 후 사각팬 위쪽에 기름을 바르고 달걀말이를 위쪽으로 밀어준 다음, 앞쪽에 다시 한 번 기름을 바르고 달걀물을 부어 골고루 펴준 후 남은 달걀물은 달걀말이를 들어서 안쪽으로 넣는다.
7 사각팬 위에 김발을 올린 후 팬을 뒤집어서 달걀말이를 올리고 김발로 감싸 모양을 잡아주고, 그대로 식혀 달걀말이를 높이 2.5cm, 두께 1cm 크기로 만들어 8개로 썬다.
8 강판에 무를 갈아 무즙을 만든 후, 면포에 싸서 찬물에 씻어 물기를 빼고 진간장을 넣어 무즙간장을 만든다.
9 접시에 청차조기잎을 깔아 달걀말이를 담고 간장무즙을 곁들여 보기 좋게 담아낸다.

재료 및 분량

달걀 6개
백설탕 20g
건다시마(5cm×10cm) 1장
소금(정제염) 10g
식용유 50ml
가다랑어포 10g
맛술(미림) 20ml
무 100g
진간장 30ml
청차조기잎(시소) 2장

Chef's Note

- 가다랑어 육수 만들기
- 달걀에 가츠오다시, 소금, 설탕, 맛술, 간장을 잘 섞어 체에 거르기
- 사각팬에 길이 8cm, 높이 2.5cm 달걀 말기
- 무즙 만들기
- 규격에 맞게 썰기

NCS

과정/과목명 : 1301010410_13v1 일식 구이조리

- **훈련목표** : 다양한 식재료를 직접구이와 간접구이로 익혀내는 구이조리 하는 능력 함양
- **수준** : 3
- **최소훈련시간** : 20
- **권장훈련방법** : 집체훈련

- **평가 시 고려사항** : 평가자는 다음 사항을 평가해야 한다.
  - 식재료의 손질하기
  - 위생적인 조리과정
  - 구이용 도구의 활용능력
  - 화력 조절능력
  - 곁들임 활용능력
  - 구이조리의 완성도
  - 구이조리의 숙련정도

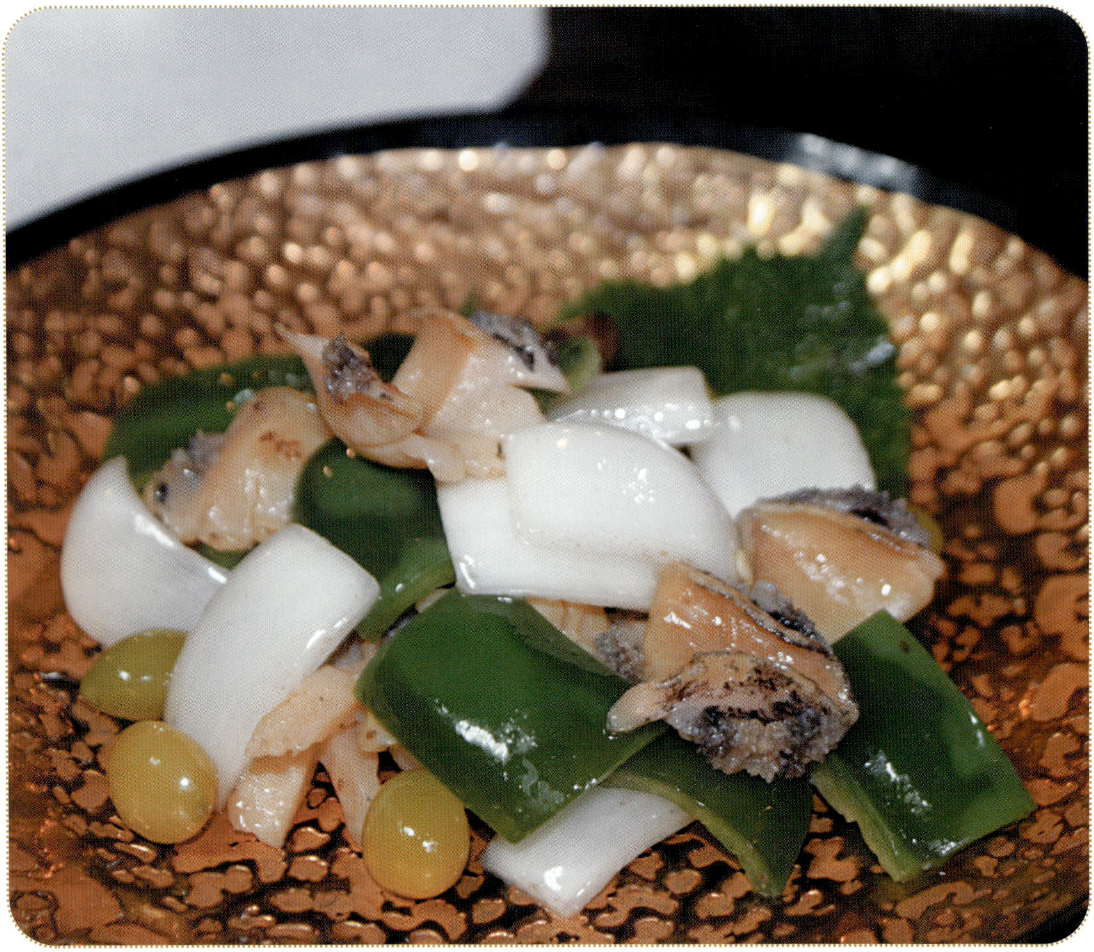

조리시간 **25**분

전복버터구이 鮑バーダ焼き | あわび バーダやき

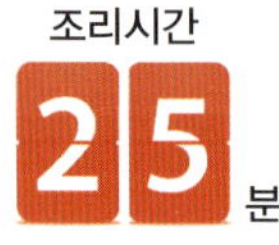

요구사항

주어진 재료를 사용하여 '전복버터구이'를 만드시오.

1. 전복은 껍질과 내장을 분리하고 칼집을 넣어 한 입 크기로 어슷하게 써시오.
2. 내장은 데쳐서 사용하시오.
3. 채소는 전복의 크기로 써시오.
4. 은행은 속껍질을 벗겨 사용하시오.

수험자 유의사항

1. 조리작품 만드는 순서는 틀리지 않게 하여야 한다.
2. 숙련된 기능으로 맛을 내야하므로 조리작업 시 음식의 맛을 보지 않는다.

만드는 법

1 전복은 소금으로 깨끗하게 씻는다.
2 전복은 숟가락으로 뾰족한 부분부터 넣어 껍질을 분리한다.
3 내장을 분리하여 모래주머니를 제거한 후, 이빨을 제거하고 끓는물에 충분히 삶아준다.
4 전복에 칼질을 넣고 5등분 정도로 저민다.
5 양파와 피망은 2.5㎝×2.5㎝ 크기로 썬다.
6 은행은 팬에 오일을 둘러 볶아서 껍질을 제거한다.
7 팬에 기름을 두르고 전복을 넣어 볶다가 청주를 넣고 양파, 피망, 소금, 후추, 은행 순으로 넣고 볶은 후, 마지막에 버터 1Ts을 넣고 향을 낸다.
8 접시에 깻잎을 깔고 전복 버터구이를 완성한다.

재료 및 분량

전복(2마리, 껍질 포함) 150g
시소 1장
양파 ½개
청피망 ½개
청주 20㎖
은행 5개
버터 20g
후춧가루 2g
소금 15g
식용유 30㎖

Chef's Note

- 전복을 깨끗이 손질하기(내장 제거)
- 전복내장 삶기
- 채소를 일정한 크기로 썰기
- 버터 마지막에 넣기
- 색상이 나면 안됨

NCS

과정/과목명 : 1301010410_13v1 일식 구이조리

- **훈련목표** : 다양한 식재료를 직접구이와 간접구이로 익혀내는 구이조리 하는 능력 함양
- **수준** : 3
- **최소훈련시간** : 20
- **권장훈련방법** : 집체훈련

- **평가 시 고려사항** : 평가자는 다음 사항을 평가해야 한다.
  - 식재료의 손질하기
  - 위생적인 조리과정
  - 구이용 도구의 활용능력
  - 화력 조절능력
  - 곁들임 활용능력
  - 구이조리의 완성도
  - 구이조리의 숙련정도

조리시간 30分

도미조림 鯛粗煮 | たいあらに

요구사항

주어진 재료를 사용하여 '도미조림'을 만드시오.

1 손질한 도미를 5~6㎝로 자르고, 머리는 반으로 갈라 소금을 뿌리시오.
2 머리와 꼬리는 데친 후 불순물을 제거하시오.
3 냄비에 앉혀 양념하여 조리하시오.
4 다시(국물)를 만들어 사용하시오.
5 완성 후 접시에 담고, 채소를 앞쪽에 담아내시오.

수험자 유의사항

1 조리작품 만드는 순서는 틀리지 않게 하여야 한다.
2 숙련된 기능으로 맛을 내야하므로 조리작업 시 음식의 맛을 보지 않는다.

만드는 법

1 재료를 확인 및 분리한다.
2 냄비에 찬물 2컵, 젖은 면포로 닦은 다시마를 넣고 끓여, 은근히 끓어오르면 다시마는 건져내고 불을 끈다.
3 도미는 비늘과 아가미, 내장을 제거한 후 깨끗이 씻어 머리, 몸통, 꼬리부분으로 나눈다.
4 도미머리는 반으로 가르고 몸통, 꼬리는 V자로 칼집을 넣은 후 소금을 뿌려둔다.
5 끓는물에 약간의 소금을 넣고 도미를 데쳐 찬물에서 비늘과 불순물을 제거한다.
6 우엉은 길이 5㎝, 굵기 0.8㎝ 정도의 나무젓가락 모양으로 썰어 찬물에 담가둔다.
7 껍질을 벗긴 후 통생강은 얇게 채 썰어 찬물에 헹궈 물에 담가놓는다.(하리쇼가 만들기)
8 냄비에 준비된 우엉, 도미를 담아 다시물 1C, 알코올을 제거한 청주 5Ts, 간장 3Ts, 설탕 2Ts, 미림 1Ts 넣고 냄비 안쪽으로 호일(오토시부시)을 덮어 조린다.
9 호일 뚜껑을 걷어내고 간장을 넣어 마지막에 맛술을 넣고 윤이 나게 조린다.
10 90% 이상이 조려지면 국물을 끼얹어가며 꽈리고추를 넣고 살짝 조린다.
11 준비한 그릇에 도미 몸통, 머리, 꼬리 순으로 담고, 우엉과 꽈리고추를 세운다음 물기를 제거하고 생강채를 곁들여 완성한다.

재료 및 분량

도미(200~250g) 1마리
우엉 40g
꽈리고추 30g
통생강 30g
백설탕 60g
청주 50ml
진간장 90ml
소금(정제염) 5g
건다시마(5cm×10cm) 1장
맛술(미림) 50ml

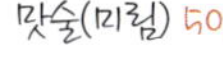

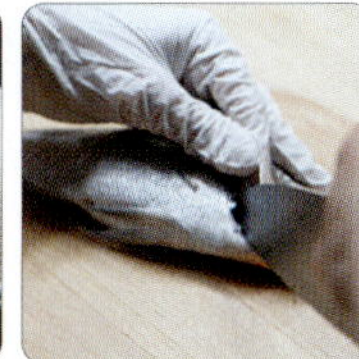
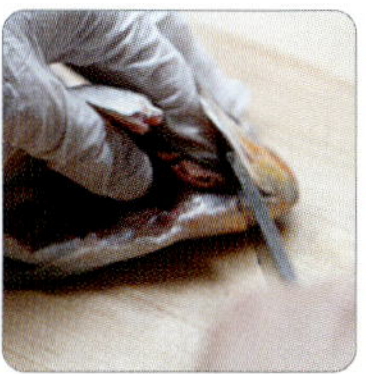

Chef's Note

- 도미 손질하기
- 우엉, 꽈리고추 손질하기
- 손질한 도미 데치기
- 도미와 우엉을 넣고 졸이기
- 도미, 고추, 생강채, 약간의 국물 담기

NCS

과정/과목명 : 1301010406_13v1 일식 조림조리

- **훈련목표** : 다양한 식재료를 이용하여 조림조리 하는 능력 함양
- **수준** : 3
- **최소훈련시간** : 20
- **권장훈련방법** : 집체훈련

- **평가 시 고려사항** : 평가자는 다음 사항을 평가해야 한다.
  - 양념장의 활용능력
  - 식재료 선별능력
  - 화력 조절능력
  - 조림조리의 조리능력
  - 조림조리의 완성도
  - 조리의 순서
  - 위생적인 조리과정
  - 부재료의 활용능력

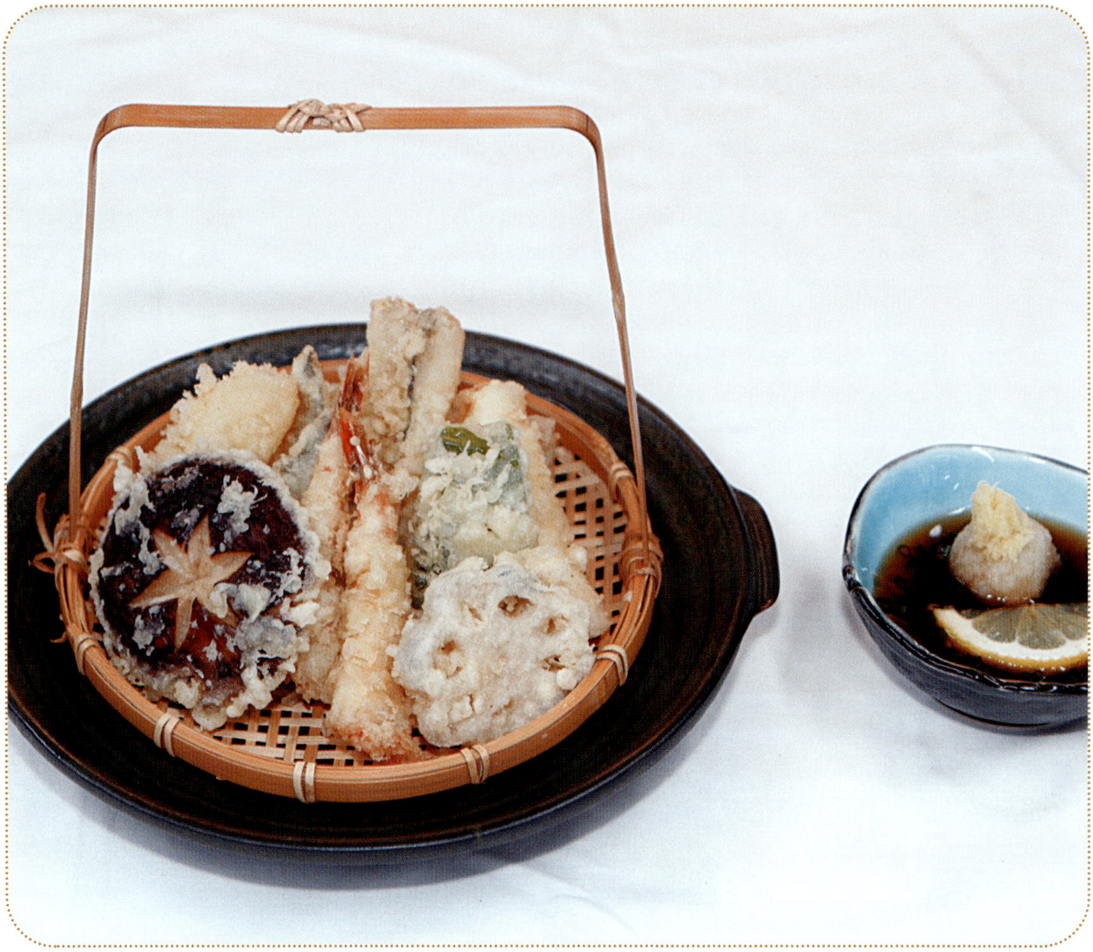

모둠튀김 天麩羅盛り合せ | てんぷらもりあわせ

조리시간 40분

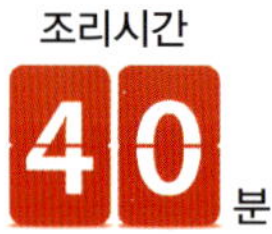

요구사항

주어진 재료를 사용하여 '모둠튀김'을 만드시오.

1 차새우, 갑오징어, 학꽁치, 바다장어를 튀길 수 있도록 손질하시오.
2 각 채소를 튀길 수 있는 크기로 써시오.
3 튀김소스(덴다시)와 양념(야쿠미)을 곁들여 내시오.

수험자 유의사항

1 새우를 튀길 때 구부러지지 않도록 손질한다.
2 각 생선류를 밑손질하여 물기를 없앤다.
3 채소류를 손질하여 자른 다음, 물에 씻어 물기를 없앤다.
4 기름이 타지 않도록 하고, 적당한 온도에서 튀겨낸다.
5 조리작품 만드는 순서는 틀리지 않게 하여야 한다.
6 숙련된 기능으로 맛을 내야하므로 조리작업 시 음식의 맛을 보지 않는다.

만드는 법

1 재료를 확인하고 손질한 후 정리한다. 연근은 껍질을 벗겨 찬물에 담갔다가 끓는물에 삶는다.
2 냄비에 찬물 2컵, 젖은 면포로 닦은 다시마를 넣고 서서히 끓이다가, 끓으면 다시마는 건져내고 가츠오부시를 넣고 불을 끈 뒤 5분 후에 면포에 맑게 걸러낸다.
3 연근은 껍질을 벗겨 찬물에 담갔다가 끓는물에 삶은 후 0.5㎝ 두께로 잘라 찬물에 담가둔다.
4 학꽁치와 바다장어는 손질하여 3장 뜨기하고 잔칼집을 넣어 자른다.
5 차새우는 머리와 껍질을 제거하고 꼬지로 내장을 제거한다.
6 새우는 깨끗이 씻은 후 물총을 제거하고, 배쪽으로 칼집을 넣어 구부러지지 않도록 한다.
7 갑오징어는 껍질을 제거하고, 양면으로 칼집을 넣어 적당한 크기로 자른다.
8 실파는 잘게 썬 후 찬물에 담가두고, 쑥갓은 줄기를 떼고 물기를 제거하며 양파, 피망은 적당한 크기로 자르고, 생표고버섯은 별 모양으로 만든다.
9 무와 생강은 강판에 갈아서 준비한다.
10 냄비에 다시 4Ts, 간장 1Ts, 청주 1Ts, 미림 1Ts을 넣고 살짝 끓여 덴다시를 만든다.
11 찬물에 노른자를 넣어 푼 후, 밀가루를 넣어가며 끈기가 생기지 않도록 튀김옷을 준비한다.
12 모든 재료에 밀가루를 입혀 단단한 재료 순으로 튀겨낸다.
13 완성그릇에 보기 좋게 담고, 튀김소스와 야쿠미를 함께 담아낸다.

재료 및 분량

차새우 2마리, 갑오징어 40g
학꽁치 ½마리, 바다장어살 50g
양파 50g, 청피망 10g
생표고버섯 20g, 연근 30g
밀가루 150g, 달걀 1개
무 30g, 통생강 20g
레몬 ⅛개, 식용유 500㎖
가다랑어포 20g, 청주 10㎖
진간장 10㎖, 한지 2장
건다시마(5cm×10cm) 1장
백설탕 20g, 실파 20g
대꼬챙이 2개, 이쑤시개 1개

Chef's Note

- 새우, 어패류, 채소류 손질하기
- 기름온도 조절하기
- 달걀노른자를 넣은 찬물에 밀가루를 풀어 튀김옷 만들기
- 덴다시 만들기

NCS

과정/과목명 : 1301010409_13v1 일식 튀김조리

- **훈련목표** : 다양한 식재료를 기름에 튀겨내는 능력 함양
- **수준** : 4
- **최소훈련시간** : 20
- **권장훈련방법** : 집체훈련

- **평가 시 고려사항** : 평가자는 다음 사항을 평가해야 한다.
  - 식재료의 손질하기
  - 튀김옷 준비과정
  - 기름온도 조절능력
  - 위생적인 조리과정
  - 튀김조리의 완성도
  - 곁들임 활용능력

소고기양념튀김 牛肉空揚げ | ぎゅうにくからあげ

조리시간

요구사항

주어진 재료를 사용하여 '소고기양념튀김'을 만드시오.

1 소고기를 결 반대로 잘게 굵은 채로 써시오.
2 소고기에 양념을 한 후 달걀과 밀가루, 전분을 넣어 섞으시오.
3 양념한 재료는 조금씩 떼어 넣어 튀겨 내시오.(동그랗게 모양을 만들어 튀기는 경우는 오작처리)

수험자 유의사항

1 소고기 손질을 잘하여 결이 썰어지도록 썬다.
2 양념과 잘 섞어 밀가루와 전분이 적당량 섞이도록 한다.
3 다른 품목과 시간을 맞추기 위해 기름을 적당한 온도로 유지한다.
4 장식품과 곁들일 재료를 준비한다.
5 조리작품 만드는 순서는 틀리지 않게 하여야 한다.
6 숙련된 기능으로 맛을 내야하므로 조리작업 시 음식의 맛을 보지 않는다.

만드는 법

1 재료를 확인 및 분리한 후, 파슬리는 찬물에 담가둔다.
2 소고기는 기름과 힘줄을 제거하고 결 반대로 길이 2㎝, 두께 0.5㎝ 정도로 굵게 채 썬다.
3 실파는 곱게 썬다.
4 마늘은 곱게 다진다.
5 레몬은 반달 모양으로 준비해 둔다.
6 튀김팬을 올리고 장식할 한지종이를 접어둔다.
7 소고기에 간장, 청주, 소금, 마늘, 참기름, 흰깨, 달걀노른자, 실파를 넣고 잘 버무리되, 묽거나 되직하지 않게 한다.
8 밀가루와 전분(1 : 1 비율)을 넣어 잘 섞어준다.
8 당면을 튀겨낸다.
10 소고기 반죽은 손으로 지름 3㎝의 크기로 조금씩 떼어 넣어, 실파가 타지 않을 정도로 튀겨낸다.
11 완성된 그릇에 모양을 낸 장식한 종이를 깔고 튀긴 당면을 놓는다.
12 당면 위에 소고기양념튀김을 올려놓고 레몬과 파슬리로 장식한다.

재료 및 분량

소고기 100g
실파 20g
참기름 5ml
흰참깨(볶은 것) 5g
달걀 1개
마늘 1쪽
전분 30g
밀가루 30g
소금(정제염) 2g
당면 10g
파슬리 5g
레몬 1/4개
식용유 500ml
한지 2장
청주 5ml

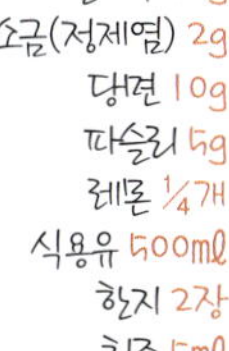

Chef's Note

- 소고기 기름과 힘줄을 제거하고 썰기
- 마늘, 소금, 실파, 참기름, 통깨로 간하여 무치기
- 기름온도 조절하기
- 장식하여 마무리하기

NCS 과정/과목명 : 1301010409_13v1 일식 튀김조리

- 훈련목표 : 다양한 식재료를 기름에 튀겨내는 능력 함양
- 수준 : 4
- 최소훈련시간 : 20
- 권장훈련방법 : 집체훈련

- 평가 시 고려사항 : 평가자는 다음 사항을 평가해야 한다.
  - 식재료의 손질하기
  - 튀김옷 준비과정
  - 기름온도 조절능력
  - 위생적인 조리과정
  - 튀김조리의 완성도
  - 곁들임 활용능력

조리시간 **25**분

튀김두부 揚げ出し豆腐 | あげだしとうふ

요구사항

주어진 재료를 사용하여 '튀김두부'를 만드시오.

1 가다랑어국물(가츠오다시)을 뽑아서 튀김다시(덴다시)를 만드시오.
2 연두부의 물기를 제거하고 4㎝×5㎝×4㎝ 정도로 썰어 튀기시오.
3 무즙(오로시), 실파, 채 썬 김(하리노리)으로 양념(야쿠미)을 만드시오.
4 튀김두부 3개를 그릇에 담고, 튀김다시(덴다시)에 무즙을 풀어 위에 끼얹으시오.
5 4 위에 고명(덴모리)으로 썬 실파와 채 썬 김을 올려 제출하시오.

수험자 유의사항

1 가다랑어국물 뽑기와 튀김온도에 유의한다.
2 연두부의 형태를 잘 유지한다.
3 고명 만드는 방법에 유의한다.
4 조리작품 만드는 순서는 틀리지 않게 하여야 한다.
5 숙련된 기능으로 맛을 내야하므로 조리작업 시 음식의 맛을 보지 않는다.

만드는 법

1 재료를 확인하고 실파와 무를 깨끗하게 씻어 준비한다.
2 냄비에 찬물 2컵, 면포로 닦은 다시마를 넣고 서서히 끓인 후, 끓으면 다시마는 건져내고 가츠오부시를 넣고 불을 끈 후 5분 후에 면포에 맑게 걸러낸다.
3 두부를 4cm×5cm×4cm 크기의 사각형으로 잘라둔다.
4 두부(연두부)는 물기를 뺀 다음 면포로 눌러가면서 물기를 제거한다.
5 무는 강판에 간 후 면포에 싸서 찬물에 헹군 후 물기를 제거한다.
6 실파는 잘게 썰어 찬물에 헹군 후 물기를 제거한다.
7 수분이 없는 곳에서 김은 가늘게 채 썰어 놓는다.(하리노리 만들기)
8 170~180℃ 정도의 기름에 두부 표면에 전분가루를 묻혀 튀긴 후, 체에 받쳐 기름을 제거한 뒤 완성접시에 담는다.
9 냄비에 가츠오부시 다시 4Ts, 미림 1Ts, 간장 1Ts, 청주 1Ts를 넣어 한 번 살짝 끓인 후, 불을 끄고 무즙과 풀어서 튀긴두부 위에 끼얹고 실파, 구운김 썬 것을 고명으로 얹어 완성한다.

재료 및 분량

연두부(300g) 1모
감자전분 100g
실파 20g
김 1/4장
무 100g
가다랑어포 10g
건다시마(5cm×10cm) 1장
진간장 50ml
식용유 500ml
맛술(미림) 50ml

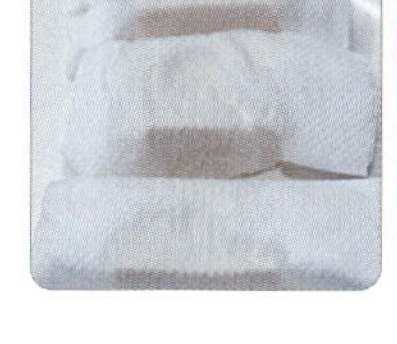

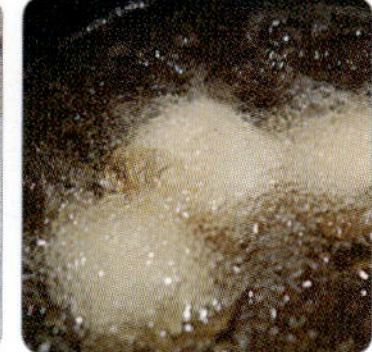

Chef's Note

- 가다랑어 육수 만들기
- 두부 손질하기
- 튀김온도 조절하기
- 야쿠미 만들기
- 튀김간장 만들기

NCS **과정/과목명 : 1301010409_13v1 일식 튀김조리**

- **훈련목표** : 다양한 식재료를 기름에 튀겨내는 능력 함량
- **수준** : 4
- **최소훈련시간** : 20
- **권장훈련방법** : 집체훈련

- **평가 시 고려사항** : 평가자는 다음 사항을 평가해야 한다.
  - 식재료의 손질하기
  - 튀김옷 준비과정
  - 기름온도 조절능력
  - 위생적인 조리과정
  - 튀김조리의 완성도
  - 곁들임 활용능력

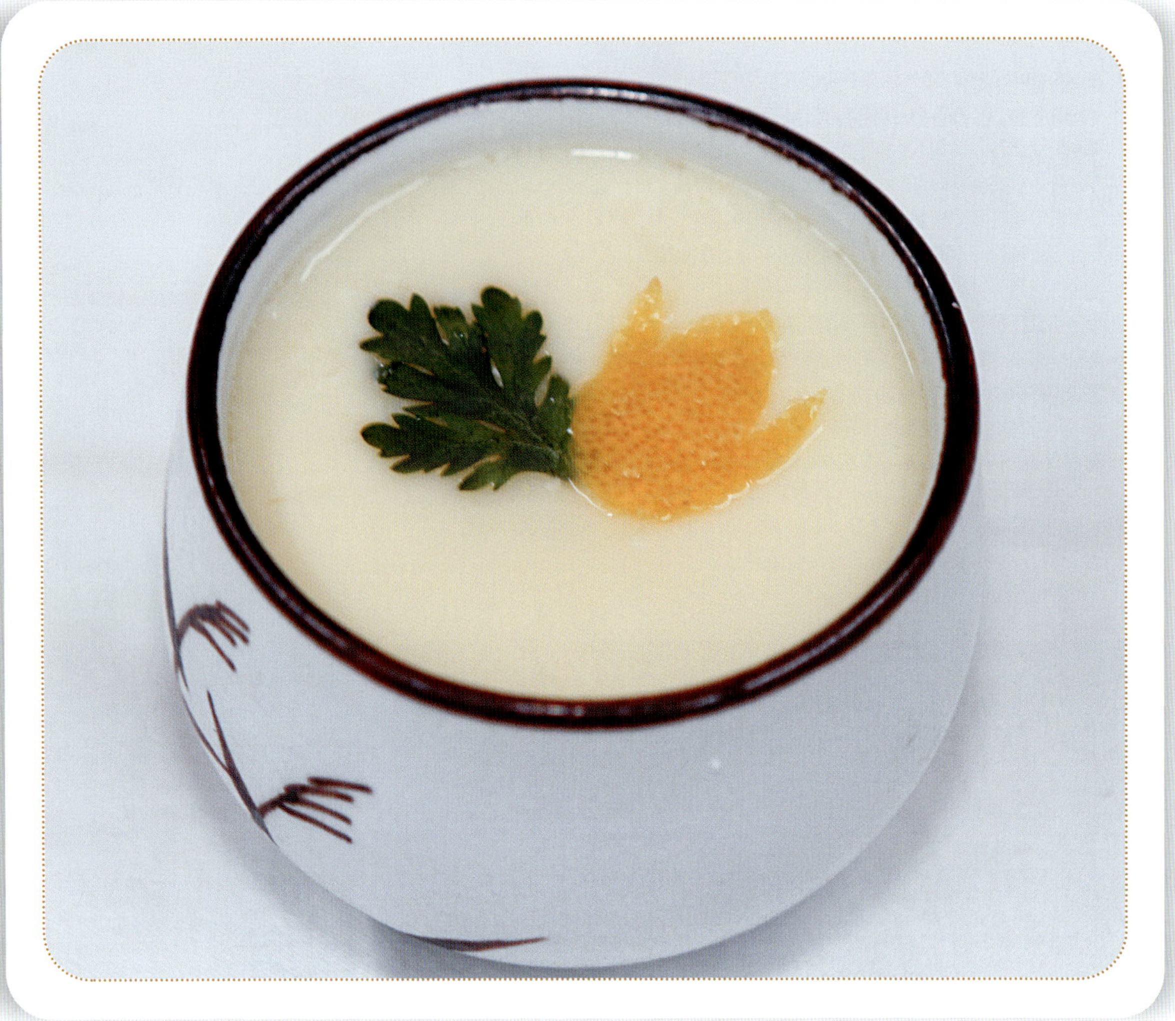

달걀찜 茶碗蒸し | ちゃわんむし

조리시간 30분

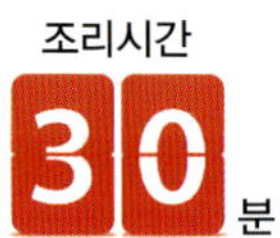

요구사항

주어진 재료를 사용하여 '달걀찜'을 만드시오.

1 찜 속재료는 각각 썰어 간하시오.
2 나중에 넣을 것과 처음에 넣을 것을 구분하시오.
3 가다랑어포로 다시(국물)를 만들어 식혀 달걀과 섞으시오.

수험자 유의사항

1 각 재료는 알맞은 크기로 자르거나 손질하여 밑간한다.
2 가다랑어포로 다시를 뽑아 적당한 달걀물을 만들어야 한다.
3 찔 때 화력조절을 잘하고, 평면이 부풀어 오르지 않아야 된다.
4 다른 품목과 같이 완료되어 뜨거워야 한다.
5 조리작품 만드는 순서는 틀리지 않게 하여야 한다.
6 숙련된 기능으로 맛을 내야하므로 조리작업 시 음식의 맛을 보지 않는다.

만드는 법

1 재료를 확인 및 분리한 후 쑥갓은 찬물에 담근다.
2 냄비에 찬물 2컵, 젖은 면포로 닦은 다시마를 넣고 서서히 끓이다가, 끓으면 다시마는 건져내고 가츠오부시를 넣고 불은 끈 뒤 5분 후에 면포에 맑게 걸러낸다.
3 생선살과 닭고기살은 사방 1.5㎝ 크기로 썰어 생선살은 소금으로, 닭고기는 간장으로 간을 한다.
4 새우는 껍질을 제거하고 꼬챙이를 이용하여 내장을 뺀다.
5 어묵, 표고버섯, 죽순도 사방 1.5㎝로 자른다.
6 밤은 구운 후 사방 1.5㎝가 되도록 썬다.
7 물이 끓으면 은행을 삶아 껍질을 벗기고 죽순, 생선살, 닭고기살과 새우를 데쳐 찬물에 식힌다.
8 달걀을 풀어 다시물(1 : 3 비율)을 잘 섞은 후 청주, 소금, 간장 약간으로 간을 한 후 고운체에 내린다.
9 찜그릇에 쑥갓, 레몬 오리발을 제외한 모든 재료를 담고 달걀물을 8부 정도 붓는다.
10 냄비에 중탕하거나 찜통에서 김이 올라오면, 중불에서 12분 정도를 찐다.
11 달걀찜 표면을 이쑤시개로 찔러보아 달걀 겉물이 나오지 않으면 완성이다.
12 달걀이 익으면 레몬으로 오리발 만든 것과 쑥갓을 올려 완성시킨다.

재료 및 분량

달걀 1개
잔새우(6~7cm 정도) 1마리
어묵 15g
생표고버섯 ½개
밤 ½개
가다랑어포(가츠오부시) 10g
닭고기살 20g
은행 2개
흰생선살 20g
쑥갓 10g
진간장 10㎖
소금(정제염) 5g
청주 10㎖
레몬 ¼개
죽순 10g
맛술(미림) 10㎖
건다시마(5cm×10cm) 1장
이쑤시개 1개

Chef's Note

- 닭고기, 흰생선살 재료 준비하기
- 새우 데치기, 은행 삶기, 밤 굽기
- 다시와 달걀 섞어 체에 거르기
- 담아서 찜통에 쪄내기
- 레몬껍질과 쑥갓 넣어 완성하기

NCS 과정/과목명 : 1301010407_13v1 일식 찜조리

- 훈련목표 : 다양한 식재료를 이용하여 찜조리 하는 능력 함양
- 수준 : 3
- 최소훈련시간 : 20
- 권장훈련방법 : 집체훈련
- 평가 시 고려사항 : 평가자는 다음 사항을 평가해야 한다.
  - 식재료의 손질하기
  - 찜양념의 활용능력
  - 조리순서
  - 화력조절 능력
  - 찜조리의 완성도
  - 조리의 숙련도
  - 부재료의 활용능력
  - 위생적인 조리과정

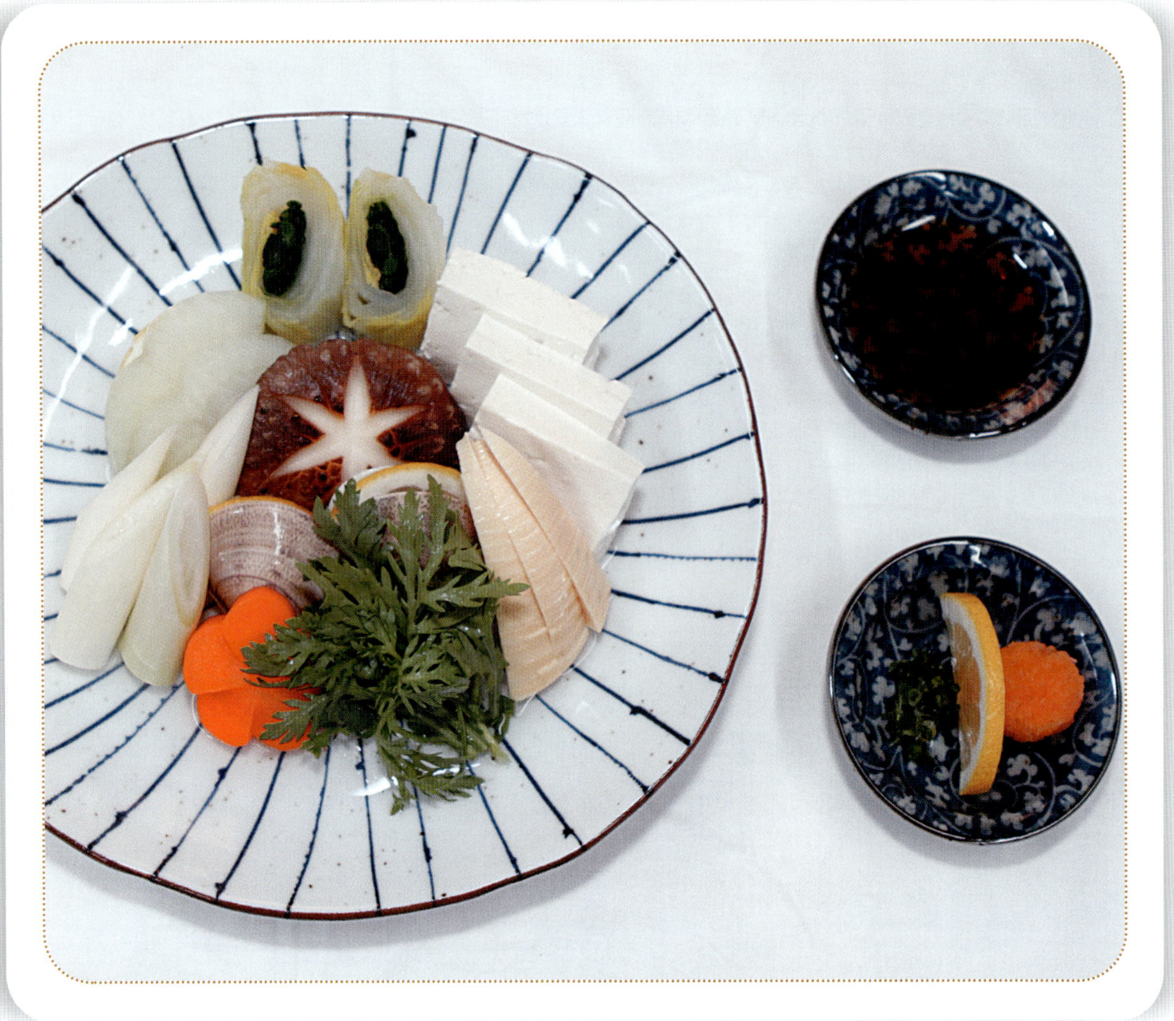

조리시간 25분

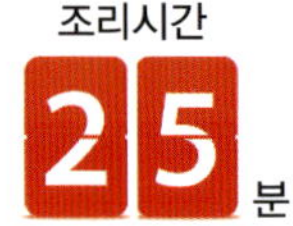

대합술찜 蛤酒蒸し | はまぐりさかむし

요구사항

주어진 재료를 사용하여 '대합술찜'을 만드시오.

1 조개의 밑쪽 눈을 따내시오.
2 다시(국물)를 만들어 사용하시오.
3 술을 뿌려 쪄내시오.
4 양념초와 양념을 만들어 내시오.

수험자 유의사항

1 대합의 눈을 따내어 벌어지는 것을 방지하여야 한다.
2 다시물을 만들고 술의 알코올을 제거하여야 된다.
3 대합을 데바칼로 입을 벌려 다시 뚜껑을 덮고, 쑥갓과 레몬을 곁들여서 다른 작품과 같이 완료시킨다.
4 양념초와 양념을 만들어 곁들인다.
5 조리작품 만드는 순서는 틀리지 않게 하여야 한다.
6 숙련된 기능으로 맛을 내야하므로 조리작업 시 음식의 맛을 보지 않는다.

만드는 법

1 재료를 확인 및 분리한 후 쑥갓은 찬물에 담가두고, 대합은 소금물에 담가 해감한다.
2 냄비에 찬물 2컵, 젖은 면포로 닦은 다시마를 넣고 끓이다가, 은근히 끓어오르면 다시마는 건져 내고 불을 끈다.
3 끓는 소금물에 당근, 무(일부)는 매화꽃, 은행잎을 만들어 배추와 쑥갓도 데쳐 찬물에 식힌다.
4 배추와 쑥갓은 물기를 제거하고, 배추에 쑥갓을 넣고 김발로 말아서 어슷하게 썬다.
5 대파는 5㎝ 길이로 어슷하게 썰고, 두부는 4㎝×3㎝×1.5㎝의 직사각형으로 도톰하게 썬다.
6 죽순은 끓는물에 데쳐 찬물에 식힌 후, 결을 이용하여 빗살 모양으로 0.2㎝ 두께로 썬다.
7 대합은 눈을 제거한다.
8 쑥갓을 제외한 모든 재료를 찜그릇에 보기 좋게 담고, 대합은 밑에 다시마를 깔아 앞쪽에 잘 보이도록 놓는다.
9 냄비에 8을 담고, 알코올을 제거한 청주 2Ts, 다시물 2Ts, 소금 약간으로 간을 하여 재료에 뿌려준다.
10 냄비에 중탕하여 재료에 종이호일을 덮고 뚜껑을 덮어 중불로 5분 정도 찐다.
11 찌는 동안 레몬은 반달 모양으로 2쪽 준비하고, 폰즈(다시, 간장, 식초 1 : 1 : 1 비율)를 만든다.
12 실파는 잘게 썰어 찬물에 헹궈두고, 무는 강판에 갈아 헹궈 고운고춧가루를 섞어 단풍색의 물을 들인 뒤 모양을 만든다.(모미지 오로시)
13 잘 쪄진 대합술찜은 대합의 입을 살짝 벌려 레몬을 끼우고 쑥갓을 올려 완성한다.
14 폰즈와 야쿠미를 곁들여 낸다.

재료 및 분량

백합조개 2개
청주 50ml
건다시마(5cm×10cm) 1장
소금(정제염) 5g
레몬 ¼개
쑥갓 20g
배추 50g
대파(흰부분) 1토막
당근 60g
무 50g
판두부 50g
죽순 20g
생표고버섯 20g
진간장 30ml
식초 30ml
고춧가루 2g
실파 20g

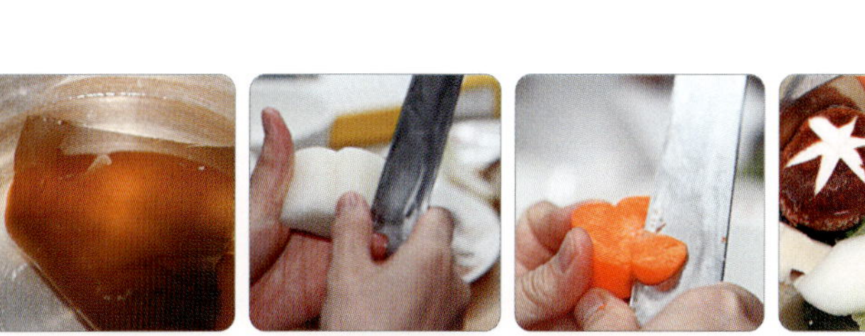

Chef's Note

- 대합을 골라서 밑쪽 눈따기
- 다시마다시 만들기
- 채소 준비하기
- 간을 한 다음 쪄내기
- 양념초와 야쿠미 곁들이기

NCS **과정/과목명 : 1301010407_13v1 일식 찜조리**

- **훈련목표** : 다양한 식재료를 이용하여 찜조리 하는 능력 함양
- **수준** : 3
- **최소훈련시간** : 20
- **권장훈련방법** : 집체훈련

- **평가 시 고려사항** : 평가자는 다음 사항을 평가해야 한다.
  - 식재료의 손질하기
  - 찜양념의 활용능력
  - 조리순서
  - 화력조절 능력
  - 찜조리의 완성도
  - 조리의 숙련도
  - 부재료의 활용능력
  - 위생적인 조리과정

조리시간

도미술찜 鯛酒蒸し | たいさかむし

요구사항

주어진 재료를 사용하여 '도미술찜'을 만드시오.

1 머리는 반으로 자르고, 몸통은 세장뜨기 하시오.
2 손질한 도미살을 5~6㎝ 정도로 자르고 소금을 뿌려, 머리와 꼬리는 데친 후 불순물을 제거하시오.
3 곁들일 채소를 삶거나 데쳐서 적합한 크기로 자르시오.
4 다시(국물)를 만들어 사용하시오.
5 양념초와 양념을 만들어 내시오.

수험자 유의사항

1 도미에는 가시가 없도록 한다.
2 곁들일 채소를 삶거나 데쳐서 적당한 크기로 자르시오.
3 다시물과 술을 적당량 혼합하여 찐다.
4 다시물을 만들고 술의 알코올을 제거해야 된다.
5 양념초와 양념을 만들어 곁들인다.
6 조리작품 만드는 순서는 틀리지 않게 하여야 한다.
7 숙련된 기능으로 맛을 내야하므로 조리작업 시 음식의 맛을 보지 않는다.

만드는 법

1 재료를 확인 및 분리한 후 쑥갓은 찬물에 담근다.
2 냄비에 찬물 2컵, 젖은 면포로 닦은 다시마를 넣고 끓이다가, 은근히 끓어오르면 다시마는 건져내고 불을 끈다.
3 도미는 비늘, 아가미, 내장을 제거하고 세장뜨기 하여 칼집을 넣고 소금에 뿌려둔다.
4 당근은 매화꽃, 무는 은행잎을 만들어 끓는 소금물에 삶아놓고, 배추와 일부 쑥갓도 데쳐 찬물에 식힌다.
5 배추와 쑥갓은 물기를 제거하고, 배추에 쑥갓을 넣어 김발로 말아서 어슷하게 썬다.
6 대파는 5cm 길이로 어슷하게 썰고, 두부는 4cm×3cm×1.5cm의 직사각형으로 도톰하게 썬다.
7 죽순은 끓는물에 데쳐 찬물에 식힌 후 결을 이용하여 빗살 모양으로 0.2cm 두께로 썬다.
8 도미머리와 몸통살, 꼬리살을 뜨거운 물을 부어 데친 후 찬물에 헹궈서 불순물과 비늘을 제거한다.
9 쑥갓을 제외한 모든 재료를 그릇에 보기좋게 담고, 다시마를 깔아 앞쪽으로 놓고 주재료인 도미를 앞쪽에 놓는다.
10 냄비에 청주 2Ts 넣어 알코올을 제거한 후 다시물 2Ts, 소금 약간으로 간을 하여 재료에 뿌려준다.
11 냄비에 중탕하여 재료에 뚜껑을 덮고 종이호일을 덮어 중불로 10분 정도를 찐다.
12 찌는 동안 레몬은 반달 모양으로 2쪽 준비하고, 폰즈(다시, 간장, 식초 1 : 1 : 1 비율)를 만든다.
13 실파는 잘게 썰어 찬물에 헹궈두고, 무는 강판에 갈고 헹궈 고운고춧가루를 섞어 단풍색의 물을 들인 뒤 모양을 만든다.(모미지 오로시)
14 잘 쪄진 도미술찜에 쑥갓을 올려 완성한다.
15 폰즈와 야쿠미를 곁들여 낸다.

재료 및 분량

도미(200~250g) 1마리
배추 50g
당근 60g
무 50g
판두부 50g
생표고버섯 1개
죽순 20g
쑥갓 20g
레몬 ¼개
쑥갓 20g
청주 30ml
건다시마(5cm×10cm) 1장
진간장 30ml
식초 30ml
고춧가루 2g
실파 20g
소금(정제염) 5g

Chef's Note

- 도미 손질하기
- 다시마 다시 만들고, 채소 손질하기
- 접시에 다시마 깔고, 재료 담아 찜하기
- 양념초와 야쿠미 내기

NCS

과정/과목명 : 1301010407_13v1 일식 찜조리

- 훈련목표 : 다양한 식재료를 이용하여 찜조리 하는 능력 함양
- 수준 : 3
- 최소훈련시간 : 20
- 권장훈련방법 : 집체훈련

- 평가 시 고려사항 : 평가자는 다음 사항을 평가해야 한다.
  - 식재료의 손질하기
  - 찜양념의 활용능력
  - 조리순서
  - 화력조절 능력
  - 찜조리의 완성도
  - 조리의 숙련도
  - 부재료의 활용능력
  - 위생적인 조리과정

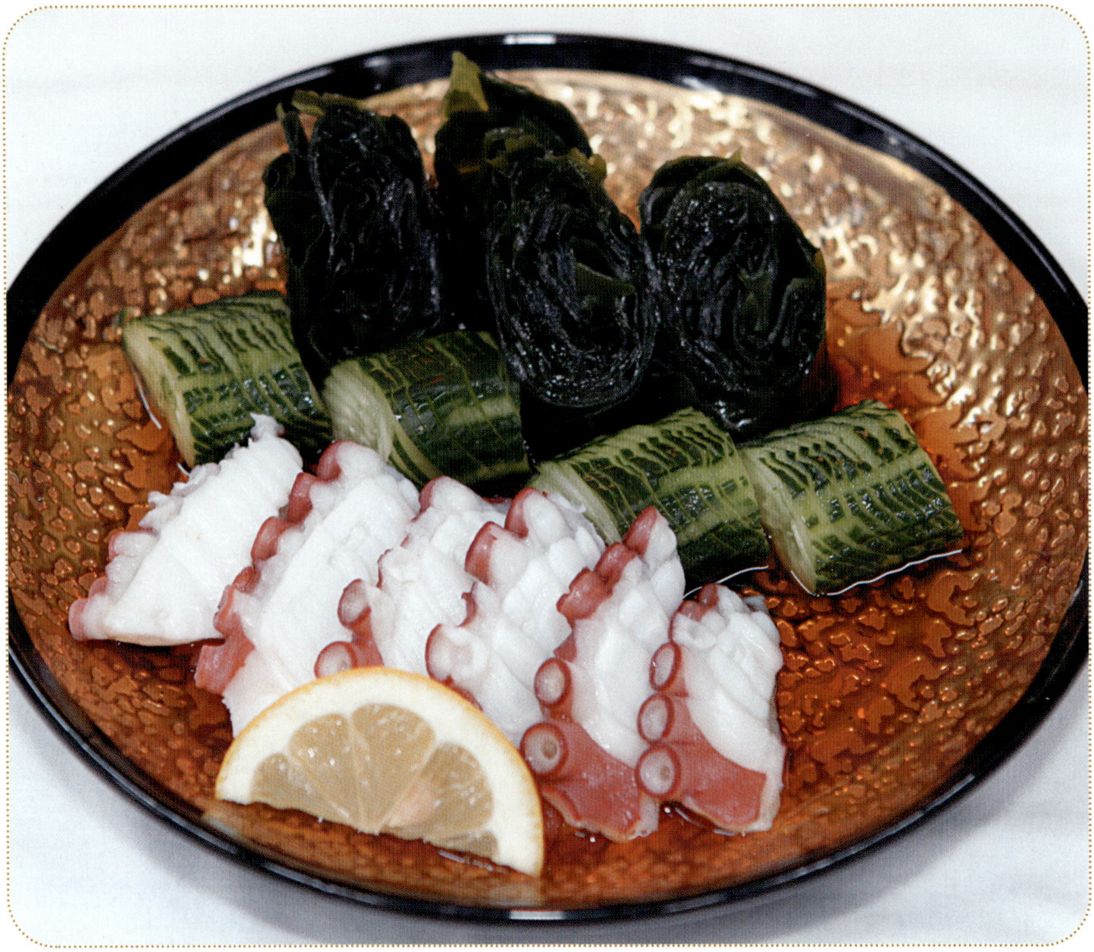

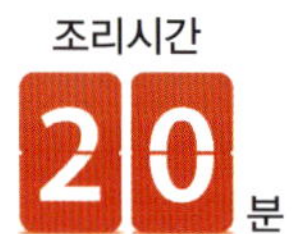

문어초회 蛸酢物 | たこすのもの

조리시간 20분

요구사항

주어진 재료를 사용하여 '문어초회'를 만드시오.

1 가다랑어국물을 만들어 양념초간장(도사스)을 만드시오.
2 삶은 문어를 4~5㎝ 길이로 포를 떠서 사용하시오.
3 미역은 손질하여 4~5㎝ 정도로 사용하시오.
4 문어초회 접시에 오이와 문어를 담고 장식하시오.

수험자 유의사항

1 오이를 용도에 맞게 손질하여 소금에 절여 사용한다.
2 양념초간장(도사스)과 레몬을 준비하여야 된다.
3 접시에 초회를 담고 다른 작품과 같이 완성시킬 때 양념초간장(도사스)을 끼얹어 완성시켜 내야 한다.
4 조리작품 만드는 순서는 틀리지 않게 하여야 한다.
5 숙련된 기능으로 맛을 내야하므로 조리작업 시 음식의 맛을 보지 않는다.

만드는 법

1 재료를 확인 및 분리하여 손질한다.
2 냄비에 찬물 2컵, 젖은 면포로 닦은 다시마를 끓이다가, 끓으면 다시마는 건져내고 가츠오부시를 넣어 불을 끈 뒤 5분 후에 면포에 맑게 걸러낸다.
3 냄비에 다시 3Ts, 간장 1Ts, 식초 1Ts, 설탕 1Ts를 넣어 살짝 끓여 식힌다.(도바스 만들기)
4 문어와 오이, 미역은 소금으로 문질러 밑손질을 한다.
5 문어는 손질하여 끓는물에 간장, 청주, 식초를 넣고 10분 정도 삶아준다.
6 식힌 문어는 4~5㎝ 길이로 빨판을 살리면서 칼을 어슷하게 넣어, 파도 타듯이 얇게 포를 뜬다.
7 오이는 양쪽면에 각각 ½ 정도의 깊이로 어슷하게 칼집을 촘촘히 넣은 후 소금물에 절여둔다.
8 미역은 끓는물에 소금을 약간 넣고 데쳐 찬물에 헹군 뒤, 물기를 제거하고 김발로 말아둔다.
9 레몬은 반달 모양으로 자른다.
10 오이는 수분제거 후 2㎝ 길이로 2~3쪽 자르며, 미역도 3~4㎝ 길이로 자르고, 그릇에 오이, 미역을 담는다.
11 물결무늬로 자른 문어를 놓고 레몬을 곁들여 차갑게 준비한 삼바이스를 끼얹어 완성한다.

재료 및 분량

문어 70g
건미역 5g
레몬 ¼개
오이 ½개
소금(정제염) 10g
식초 30㎖
건다시마(5㎝×10㎝) 1장
진간장 20㎖
백설탕 10g
가다랑어포 5g

Chef's Note

- 가다랑어 다시 만들기
- 양념초(도사스) 만들기
- 문어 손질하기
- 오이, 미역 손질하기

NCS

과정/과목명 : 1301010402_13v1 일식 초회조리

- **훈련목표** : 기초 손질한 식재료에 혼합초를 이용하여 식욕촉진제 역할을 할 수 있게 초회를 조리하는 능력 함양
- **수준** : 3
- **최소훈련시간** : 20
- **권장훈련방법** : 집체훈련

- **평가 시 고려사항** : 평가자는 다음 사항을 평가해야 한다.
  - 식재료의 손질하기
  - 위생적인 조리과정
  - 혼합초 활용능력
  - 곁들임 활용능력
  - 초회조리의 완성도
  - 초회조리의 숙련정도
  - 기물선택의 능력

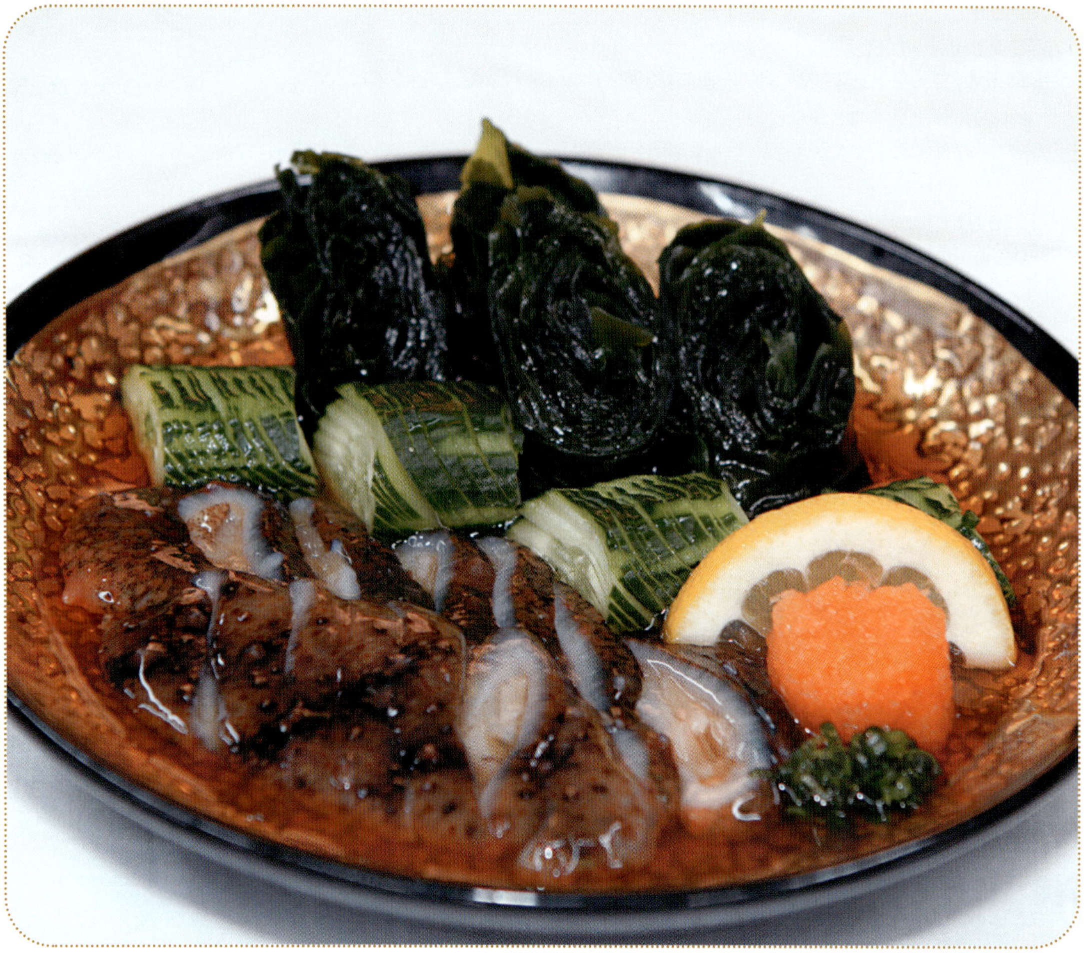

조리시간 **20** 분

해삼초회 海鼠酢物 | なまこすのもの

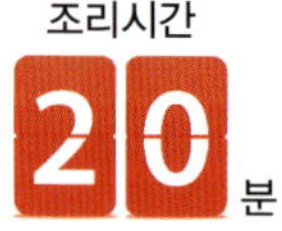

요구사항

주어진 재료를 사용하여 '해삼초회'를 만드시오.

1 오이를 둥글게 썰거나 엇비슷(자바라)하게 얇게 썰어 사용하시오.
2 미역을 손질하여 4~5㎝ 정도로 써시오.
3 해삼은 내장과 모래가 없도록 손질하고, 힘줄(스지)을 제거하시오.
4 빨간무즙(아까오로시/모미지오로시)과 실파를 준비하시오.
5 양념초(폰즈)를 끼얹어 내시오.

수험자 유의사항

1 조리작품 만드는 순서는 틀리지 않게 하여야 한다.
2 숙련된 기능으로 맛을 내야하므로 조리작업 시 음식의 맛을 보지 않는다.

만드는 법

1 재료를 확인 및 분리하여 손질한다.
2 냄비에 찬물 2컵, 젖은 면포로 닦은 다시마를 끓이다가, 끓으면 다시마는 건져내고 가츠오부시를 넣어 불을 끈 뒤 5분 후에 면포에 맑게 걸러낸다.
3 냄비에 다시 3Ts, 간장 1Ts, 식초 1Ts, 설탕 1Ts를 넣어 살짝 끓여 식힌다.(도바스 만들기)
4 해삼은 배쪽에 칼집을 넣고 내장을 빼낸 후 양끝을 잘라내고, 폭 2.5㎝로 썰어 준비한다.
5 오이는 양쪽면에 각각 ½ 정도의 길이로 어슷하게 촘촘히 칼집을 넣은 후 소금물에 절여둔다.(자바라규리)
6 미역은 끓는물에 소금물을 약간 넣고 데쳐 찬물에 헹군 뒤 물기를 제거하고, 김발로 말아둔다.
7 레몬은 반달 모양으로 자른다.
8 무의 일부는 강판에 갈아 무즙을 내어 찬물에 헹궈 고운고춧가루로 단풍의 물을 들여 모양을 낸다.(모미자오로시)
9 실파는 흰부분을 제거하고 푸른부분을 잘게 썬 후 찬물에 헹궈 물기를 제거한다.
10 절여진 오이는 수분제거 후 2㎝ 길이로 2~3쪽 자르며, 미역도 3~4㎝ 길이로 자른 후 그릇에 오이와 미역을 먼저 담는다.
11 손질한 해삼, 레몬 슬라이스로 장식한다.
12 야쿠미를 올리고 폰즈를 끼얹어 완성한다.

재료 및 분량

해삼 100g
오이(20㎝ 정도) ½개
건미역 5g
실파 20g
무 20g
레몬 ¼개
소금(정제염) 5g
건다시마(5㎝×10㎝) 1장
가다랑어포 10g
식초 15㎖
진간장 15㎖
고춧가루 5g

Chef's Note

- 해삼 내장, 힘줄, 모래를 제거하기
- 오이, 미역 손질하기
- 간장, 식초, 다시로 폰즈 만들기
- 빨간무즙, 실파, 레몬 준비하기

NCS 과정/과목명 : 1301010402_13v1 일식 초회조리

- 훈련목표 : 기초 손질한 식재료에 혼합초를 이용하여 식욕촉진제 역할을 할 수 있게 초회를 조리하는 능력 함양
- 수준 : 3
- 최소훈련시간 : 20
- 권장훈련방법 : 집체훈련

- 평가 시 고려사항 : 평가자는 다음 사항을 평가해야 한다.
  - 식재료의 손질하기
  - 위생적인 조리과정
  - 혼합초 활용능력
  - 곁들임 활용능력
  - 초회조리의 완성도
  - 초회조리의 숙련정도
  - 기물선택의 능력

조리시간 20분

갑오징어명란무침 紋甲いか鱈子和え | もんごういかたらこあえ

요구사항

주어진 재료를 사용하여 '갑오징어명란무침'을 만드시오.

1 명란젓은 알만 빼내시오.
2 갑오징어를 두께 0.3㎝로 채 썰어 50℃ 정도의 청주에 데쳐 사용하시오.

수험자 유의사항

1 갑오징어를 잘 손질하여 얇은 껍질도 없도록 한다.
2 무치기 좋게 가늘게 썰어야 한다.
3 명란젓은 껍질을 벗겨내고 알만 사용한다.
4 무친 후 알맞게 간을 한다.
5 조리작품 만드는 순서는 틀리지 않게 하여야 한다.
6 숙련된 기능으로 맛을 내야하므로 조리작업 시 음식의 맛을 보지 않는다.

만드는 법

1 재료를 확인 및 분리 손질하고, 무순 및 시소는 찬물에 담가둔다.
2 갑오징어는 다리와 내장을 제거하고, 양쪽의 껍질을 소금으로 벗겨낸 후 길이 5㎝로 포를 뜨고 0.3㎝ 두께로 가늘게 채 썬다.
3 냄비에 청주 2Ts를 넣고 50℃ 정도의 따뜻한 온도에서 소금을 조금 넣고, 갑오징어가 익지 않게 살짝 데쳐서 수분을 제거한다.(찬물에 헹구지 않는다.)
4 명란젓은 반으로 갈라 속의 알을 칼등으로 긁어낸다.
5 데쳐낸 갑오징어와 명란알을 2 : 1 비율로 섞어, 다시 청주와 소금을 조금 넣고 맛을 내어 버무린다.
6 완성그릇에 물기를 제거한 시소를 깔고 갑오징어 명란무침을 보기 좋게 담고, 무순으로 장식한다.

재료 및 분량

갑오징어 70g
명란젓 40g
무순 10g
청주 30㎖
소금(정제염) 2g
청차조기잎 1장

Chef's Note

- 갑오징어 내장, 껍질 손질하기
- 갑오징어 데치기
- 명란젓 알 긁어내기
- 갑오징어와 명란젓 섞기

NCS

과정/과목명 : 1301010403_13v1 일식 무침조리

- **훈련목표** : 준비된 식재료에 따라 다양한 양념을 첨가하여 용도에 맞게 무침조리 하는 능력 함양
- **수준** : 2
- **최소훈련시간** : 20
- **권장훈련방법** : 집체훈련

- **평가 시 고려사항** : 평가자는 다음 사항을 평가해야 한다.
  - 식재료의 손질하기
  - 위생적인 조리과정
  - 무침양념 활용능력
  - 무침조리의 완성도
  - 무침조리의 숙련정도
  - 기물선택의 능력

김초밥 海苔巻き | のりまき

조리시간 25분

요구사항

주어진 재료를 사용하여 '김초밥'을 만드시오.

1 박고지, 달걀말이, 오이 등 김초밥 속재료를 만드시오.
2 초밥초를 만들어 밥에 간하여 식히시오.
3 김초밥을 일정한 두께로 마시오.
4 크기가 똑같이 8~10 등분하여 담으시오.
5 간장을 곁들여 제출하시오.

수험자 유의사항

1 박고지는 뜨거운 물에 담근 다음 잘 씻어야 한다.
2 각 재료를 졸이고, 소금에 절여 달걀말이 한다.
3 김과 대발을 사용하여 말이를 하고, 초생강을 준비한다.
4 8~10개로 잘라 담고 초생강을 놓는다.
5 조리작품 만드는 순서는 틀리지 않게 하여야 한다.
6 숙련된 기능으로 맛을 내야하므로 조리작업 시 음식의 맛을 보지 않는다.

만드는 법

1 재료를 확인 분리한 후, 시소는 찬물에 담가둔다.
2 배합초를 끓여 일부는 식기 전에 밥에 버무려, 젖은 면포로 덮어둔다.
3 박고지는 따뜻한 물에 불린 후 물 ½C, 간장 1Ts, 설탕 1Ts, 청주 1Ts을 넣고 윤기 나게 조린다.
4 달걀은 설탕, 소금을 넣어 잘 푼 후 팬에서 달걀말이를 한 다음 식혀 두께 1.5cm의 김 길이로 잘라두고, 김도 살짝 구워둔다.
5 오이는 껍질쪽을 손질해서 소금을 조금 뿌린 뒤 살짝 절이고, 김 길이로 자른 후 속의 씨를 도려낸 다음 1.5cm 두께로 자른다.
6 통생강은 얇게 편으로 썬 후, 소금에 살짝 절인 후 끓는물에 데쳐낸다.
7 데친 생강은 나머지 배합초에 담가둔다.
8 김의 방향을 잘 맞춘다.
9 김발 위에 김을 놓고, 초밥을 ⅘ 정도 깔리도록 골고루 편다.
10 펴놓은 초밥 가운데 오보로와 박고지, 오이, 달걀말이를 놓고 단번에 만다.
11 김초밥이 단단하게 말아지도록 김과 밥의 내용물 비율을 잘 맞춘다.
12 둥근 사각형으로 만 김초밥을 8~10등분으로 자른다.
13 완성그릇에 김초밥을 보기 좋게 담고, 오른쪽에 시소를 깔고 초생강으로 장식한다.
14 간장을 종지에 담아서 함께 제출한다.

재료 및 분량

김(초밥김) 1장
밥(뜨거운 밥) 200g
달걀 2개
박고지 10g
통생강 30g
진간장 20ml
청차조기잎(시소) 1장
오이(곧은 것, 20cm 정도) ¼개
오보로 10g
식초 70ml
백설탕 50g
소금(정제염) 20g
식용유 10ml
맛술(미림) 10ml

Chef's Note

- 박고지 뜨거운 물에 불려서 담그기
- 달걀말이 하기
- 식초, 설탕, 소금을 섞어 뜨거운 밥에 섞기
- 오이를 소금에 절이기, 초생강 준비하기, 김초밥 썰어 담기

NCS

과정/과목명 : 1301010413_13v1 일식 초밥조리

- 훈련목표 : 다양한 식재료를 사용하여 초밥을 조리하는 능력 함양
- 수준 : 5
- 최소훈련시간 : 20
- 권장훈련방법 : 집체훈련

- 평가 시 고려사항 : 평가자는 다음 사항을 평가해야 한다.
  - 식재료의 손질하기
  - 위생적인 조리과정
  - 배합초 활용능력
  - 생선포 뜨기능력
  - 참치 해동능력
  - 곁들임 활용능력
  - 초밥조리의 완성도
  - 초밥조리의 숙련정도

조리시간

분

참치김초밥 鐵火巻き | てっかまき

요구사항

주어진 재료를 사용하여 '참치김초밥'을 만드시오.

1 김을 반장으로 자르시오.
2 참치를 김 길이에 맞춰 자르시오.
3 와사비와 초생강을 준비하시오.
4 초밥을 만들어 김말이 준비를 하시오.
5 초밥은 12개를 만들어 내시오.
6 간장을 곁들여 제출하시오.

수험자 유의사항

1 얼어있는 참치는 바닷물의 온도와 염도에서 반 정도 녹여 행주에 싸서 더 녹인다.
2 김과 초밥을 적당량만 사용하도록 한다.
3 곁들이는 재료를 준비한다.
4 김을 눅눅하지 않게 보관하고, 구워지지 않은 김은 한 번 구이한다.
5 잘 썰어 접시에 담고, 함께 내는 작품과 같이 완료한다.
6 조리작품 만드는 순서는 틀리지 않게 하여야 한다.
7 숙련된 기능으로 맛을 내야하므로 조리작업 시 음식의 맛을 보지 않는다.

만드는 법

1. 재료 확인 및 분리 후 시소는 찬물에 담가둔다.
2. 냄비에 식초 3Ts, 설탕 2Ts, 소금 ½Ts을 넣어, 살짝 끓인 배합초 일부는 식기 전에 밥에 버무려 젖은 면포를 덮어둔다.
3. 참치는 미지근한 소금물에 담갔다가 해동한 후 건져 면포에 싸둔다.
4. 통생강은 얇게 편으로 썬 후, 소금에 살짝 절이고 끓는물에 데쳐서 수분을 제거한다.
5. 배합초는 데친생강을 담가 초생강을 만든다.
6. 와사비는 동량의 물로 부드럽게 개어놓는다.
7. 물에 식초를 넣어 식촛물을 만든다.
8. 참치는 김 길이에 맞춰 1㎝×1㎝ 크기로 정사각형으로 자른다.
9. 김은 살짝 구워 반 장으로 잘라둔다.
10. 김발 위 ⅗ 위치에 자른 김을 놓고, 그 위에 초밥이 ⅘ 정도 깔리도록 골고루 편다.
11. 초밥 정중앙에 와사비를 길게 바르고, 그 위에 참치를 놓고 한 번에 말아준다.
12. 참치김초밥은 김발로 네모지게 모양을 잡은 후 같은 크기로 12등분한다.
13. 완성접시에 참치김초밥을 보기 좋게 담고, 오른쪽 앞에 시소를 깔고 초생강으로 장식한다.
14. 간장을 제출한다.

재료 및 분량

붉은색 참치살(아카미) 100g
고추냉이(와사비) 15g
김(초밥김) 1장
통생강 20g
청차조기잎(시소, 깻잎 대체가능) 1장
밥(뜨거운 밥) 120g
식초 70㎖
백설탕 50g
소금(정제염) 20g
진간장 10㎖

Chef's Note

- 참치를 소금물에 해동하기
- 김 구워서 준비하기
- 초밥과 초생강 만들기
- 참치김초밥 말이 하기
- 6등분하여 똑같은 크기 썰기
- 간장 제출하기

NCS

과정/과목명 : 1301010413_13v1 일식 초밥조리

- **훈련목표** : 다양한 식재료를 사용하여 초밥을 조리하는 능력 함양
- **수준** : 5
- **최소훈련시간** : 20
- **권장훈련방법** : 집체훈련
- **평가 시 고려사항** : 평가자는 다음 사항을 평가해야 한다.
  - 식재료의 손질하기
  - 위생적인 조리과정
  - 배합초 활용능력
  - 생선포 뜨기능력
  - 참치 해동능력
  - 곁들임 활용능력
  - 초밥조리의 완성도
  - 초밥조리의 숙련정도

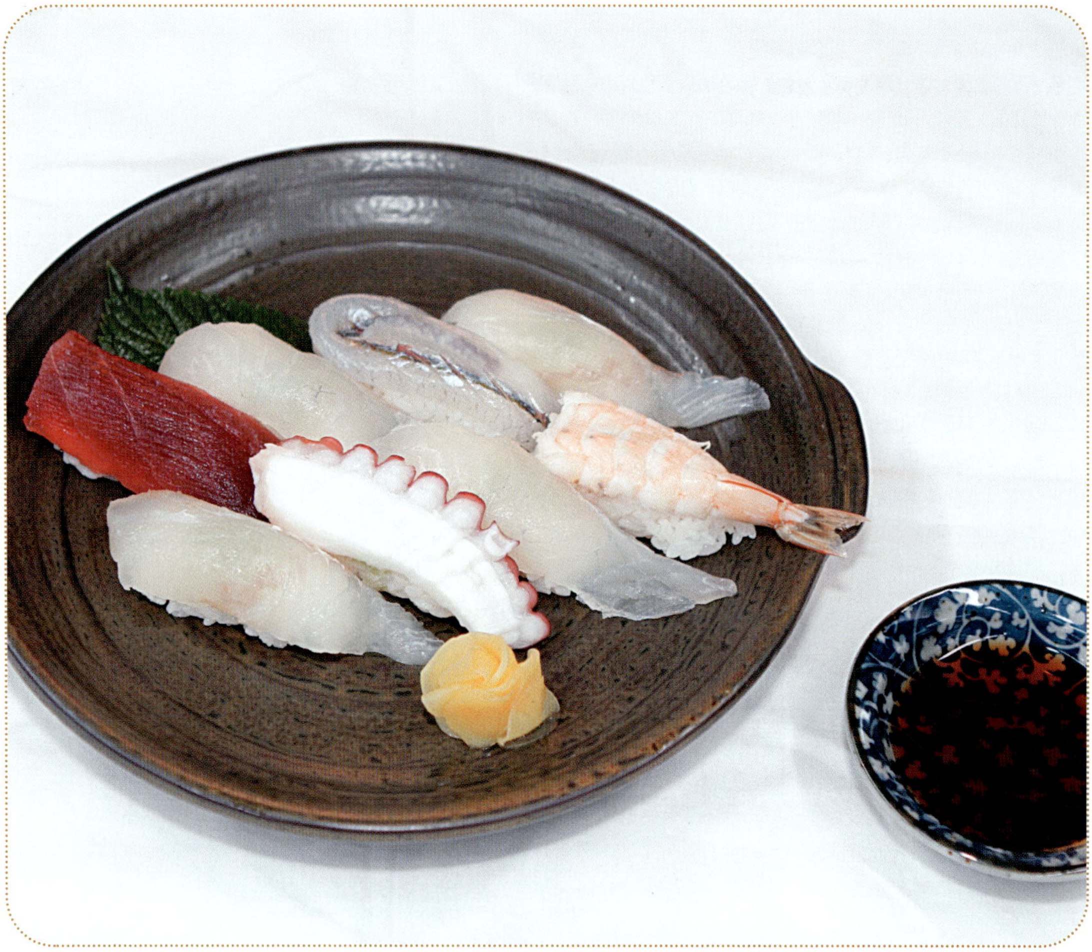

조리시간 **40**분

생선초밥 握り壽司 | にぎりずし

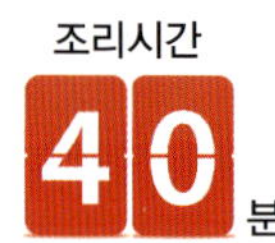

요구사항

주어진 재료를 사용하여 '생선초밥'을 만드시오.

1 각 생선류와 채소를 초밥용으로 손질하시오.
2 초밥초(스시스)를 만들어 밥에 간하여 식히시오.
3 곁들일 초생강을 만드시오.
4 초밥(니기리스시)을 만드시오.
5 색상이 알맞도록 접시에 담아 완성하시오.
6 생선초밥은 8개를 만들어 제출하시오.
7 간장을 내시오.

수험자 유의사항

1 각 생선은 위생상 깨끗이 각각 밑손질 하여 포를 뜬다.
2 초밥은 초를 쳐서 체온 정도로 식혀야 한다.
3 색상이 잘 어울리도록 접시에 담고 장식해야 한다.
4 조리작품 만드는 순서는 틀리지 않게 하여야 한다.
5 숙련된 기능으로 맛을 내야하므로 조리작업 시 음식의 맛을 보지 않는다.

만드는 법

1 재료 확인 및 분리 후 시소는 찬물에 담가둔다.
2 끓인 배합초를 밥에 버무려 젖은 면포를 덮어둔다.
3 새우는 내장을 제거하고, 배쪽에 꼬챙이를 꽂아 물에 식초, 소금을 넣고 삶은 후 찬물에 담가 식혀서 꼬챙이를 빼고 꼬리쪽 한마디만 남기고 껍질을 벗긴다. 배쪽에 칼집을 넣어 넓적하게 펼친 후 배합초에 담가둔다.
4 문어는 삶아서 가로, 세로의 길이 7cm×3cm의 물결 모양으로 포를 뜬다.
5 광어도 손질 후 껍질을 벗겨 가로, 세로의 길이 7cm×3cm로 포를 뜬다.
6 학꽁치는 칼로 비늘을 제거하고, 배쪽은 잔뼈를 도려낸 후 칼로 껍질을 벗겨 길이 7cm로 자른 다음 등쪽에 잔칼집을 넣는다.
7 참치는 미지근한 소금물에 담가 해동한 후 건져 면포에 싸놓는다.
8 도미살은 비늘을 제거하고 껍질을 벗겨 가로, 세로의 길이 7cm×3cm로 포를 뜬다.
9 해동한 참치는 결 반대방향으로 가로, 세로의 길이 7cm×3cm로 포를 뜬다.
10 통생강은 껍질을 벗겨 얇게 편으로 썬 후, 소금에 살짝 절인 후 끓는물에 데쳐 배합초에 담가둔다.
11 와사비는 물로 부드럽게 갠다.
12 손에 손식초를 바르고 오른손으로 밥을 쥔 다음, 생선을 왼손에 잡고 오른손 검지손가락으로 와사비를 묻혀 생선살의 중앙에 발라 그 위에 밥을 놓아 모양을 잡는다.
13 완성접시에 생선초밥 8개를 색깔의 조화를 살려 45도 정도 왼쪽으로 기울도록 하여 두 줄로 담은 후, 오른쪽 앞에 시소를 깔고 초생강을 놓고 완성한다.

재료 및 분량

붉은색참치살 30g
광어살 50g
차새우 1마리
학꽁치 1/2마리
도미살 30g
문어 50g
밥(뜨거운) 200g
시소(깻잎) 1장
통생강 30g
고추냉이 20g
식초 70ml
백설탕 50g
소금(정제염) 20g
진간장 20ml

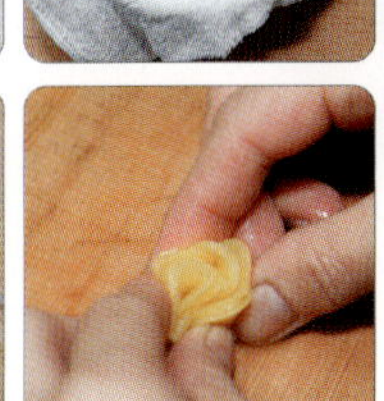
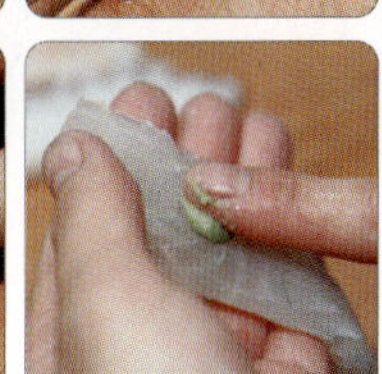

Chef's Note

- 생선류 깨끗이 손질하기
- 초밥, 초생강 만들기
- 생선초밥 만들기
- 간장 제출하기

NCS

과정/과목명 : 1301010413_13v1 일식 초밥조리

- **훈련목표** : 다양한 식재료를 사용하여 초밥을 조리하는 능력 함양
- **수준** : 5
- **최소훈련시간** : 20
- **권장훈련방법** : 집체훈련

- **평가 시 고려사항** : 평가자는 다음 사항을 평가해야 한다.
  - 식재료의 손질하기
  - 위생적인 조리과정
  - 배합초 활용능력
  - 생선포 뜨기능력
  - 참치 해동능력
  - 곁들임 활용능력
  - 초밥조리의 완성도
  - 초밥조리의 숙련정도

조리시간

소고기덮밥 牛肉丼 | ぎゅうにくどんぶり

요구사항

주어진 재료를 사용하여 '소고기덮밥'을 만드시오.

1 덮밥용 양념간장(돈부리다시)을 만들어 사용하시오.
2 고기, 채소, 달걀은 재료 특성에 맞게 조리하여 준비한 밥 위에 올려 놓으시오.
3 김을 구워 잘게 썰어(하리노리) 사용하시오.

수험자 유의사항

1 고기와 달걀, 채소는 너무 익히지 않도록 유의한다.
2 덮밥용 국물의 양에 유의한다.
3 조리작품 만드는 순서는 틀리지 않게 하여야 한다.
4 숙련된 기능으로 맛을 내야하므로 조리작업 시 음식의 맛을 보지 않는다.

만드는 법

1 재료를 확인 및 분리한 후 소고기는 핏물을 제거한다.
2 냄비에 찬물 2컵에 젖은 면포로 닦은 다시마를 넣고 끓이다가, 은근히 끓어오르면 다시마는 건져내고 가츠오부시를 넣고 불을 끈 지 5분 후 면포에 맑게 걸러낸다.
3 소고기는 핏물을 제거한 후 결 반대로 얇게 폭 2㎝ 정도로 썰어서 준비한다.
4 양파는 뿌리를 제거하여 가늘게 채 썬다.
5 팽이버섯은 밑동을 제거하고 5㎝ 길이로 썬다.
6 실파도 3~4㎝ 길이로 자른다.
7 달걀은 부드럽게 풀어 놓는다.
8 김은 살짝 구워 채 썬다.(하리노리)
9 냄비에 다시 6Ts, 간장 1Ts, 미림 1Ts, 청주 1Ts, 설탕 1Ts을 넣고 끓여 다시를 만들어 둔다.
10 냄비에 덮밥다시가 끓으면 소고기를 넣어 익히다가, 양파를 넣고 거품을 제거한다.
11 실파와 팽이버섯을 올리고 풀어놓은 달걀을 바깥쪽에서 안으로 원을 그리듯 넣어준다.
12 달걀이 반 정도 익으면 불을 끄고, 국자로 모양이 흩어지지 않도록 조심스럽게 밥 위에 얹는다.
13 모양을 보기 좋게 한 후 김을 올려 완성한다.

재료 및 분량

소고기등심 60g
양파 50g
실파 20g
팽이버섯 10g
달걀 1개
김 1/4장
백설탕 10g
진간장 15mℓ
건다시마(5cm×10cm) 1장
맛술(미림) 15mℓ
소금(정제염) 2g
밥(뜨거운) 120g
가다랑어포 10g

Chef's Note

- 덮밥용 가다랑어 육수 만들기
- 소고기, 채소 넣어 익히기
- 김 구워 잘게 썰기
- 달걀 익히기(노른자와 흰자가 선명하게)와 밥 위에 올려 담기

NCS **과정/과목명 : 1301010412_13v1 일식 밥류조리**

- **훈련목표** : 식사로서 사용되는 녹차밥, 덮밥류, 죽류를 조리하는 능력 함양
- **수준** : 3
- **최소훈련시간** : 20
- **권장훈련방법** : 집체훈련

- **평가 시 고려사항** : 평가자는 다음 사항을 평가해야 한다.
  - 식재료의 손질하기
  - 위생적인 조리과정
  - 곁들임 활용능력
  - 맛국물 내는 능력
  - 화력 조절능력
  - 밥류조리의 완성도
  - 밥류조리의 숙련정도

전골냄비 鋤焼 | すきやき

조리시간 **40**분

요구사항

주어진 재료를 사용하여 '전골냄비'를 만드시오.

1 전골(스키야키) 양념장(타레)과 다시(국물)를 준비하시오.
2 고기와 채소류를 각각 적합한 크기로 썰어 준비하시오.
3 재료의 특성에 맞게 순서대로 볶아서 익히시오.

수험자 유의사항

1 소고기는 적당한 두께로 자른다.
2 각 채소류를 깨끗이 손질하여야 한다.
3 양념장(타레)과 다시물을 준비한다.
4 고기와 채소류를 규격에 알맞도록 썰어 준비한다.
5 익힐 때는 다른 작품과 함께 완성되도록 하고, 생달걀 1개를 같이 내야 한다.
6 조리작품 만드는 순서는 틀리지 않게 하여야 한다.
7 숙련된 기능으로 맛을 내야하므로 조리작업 시 음식의 맛을 보지 않는다.

만드는 법

1 재료를 확인하고 분리하여 정리한다. 그리고 쑥갓은 찬물에 담가둔다.
2 냄비에 찬물 2컵, 젖은 행주로 닦은 다시마를 넣고 끓이다가, 끓으면 다시마는 건져내고 불을 끄고 면포에 걸러낸다.
3 소고기는 기름과 힘줄을 제거하고 0.2㎝ 두께로 얇게 썰어 피물을 제거한다.
4 우엉은 칼등으로 껍질을 벗긴 다음 연필 깎듯이 가늘고 길게 썬 후, 찬물에 2~3회 헹궈 아린맛과 갈변을 예방한다.(사사가키 썰기)
5 표고버섯은 기둥을 제거하여 굵은채를 썰고, 양파도 0.5㎝ 두께로 썬다.
6 배추는 길이 5㎝, 폭 2㎝로 썬다.
7 대파도 5㎝ 두께로 어슷하게 썰고, 두부는 4㎝×3㎝×1.5㎝ 길이의 직사각형으로 잘라 석쇠를 이용하여 굽는다.
8 실곤약은 5㎝ 길이로 썰어 끓는 소금물에 데친다.
9 냄비에 다시 1컵, 간장 4Ts, 청주 3Ts, 설탕 2Ts을 섞어 스키야키 타레를 만들어 식힌다.
10 달걀은 작은그릇에 깨놓는다.
11 팬을 기름으로 두르고 단단한 채소부터 볶다가 나머지 연한 채소를 볶고, 소스를 넣어 두부, 소고기 실곤약을 넣고서 맛을 낸다.
12 팽이, 쑥갓을 얹고 완성한다.

재료 및 분량

소고기 100g
대파(흰부분) 1토막
판두부 50g
우엉 40g
생표고버섯 20g
팽이버섯 30g
배추 70g
양파 100g
실곤약 30g
건다시마(5cm×10cm) 1장
달걀 1개
청주 30mℓ
백설탕 30g
쑥갓 30g
진간장 50mℓ
식용유 10mℓ

Chef's Note

• 소고기 힘줄과 기름기 제거하기
• 두부를 잘 굽고 채소류 손질하기
• 가다랑어 육수 이용하여 소스 만들기
• 채소류 순서대로 익히기

NCS

과정/과목명 : 1301010405_13v1 일식 냄비조리

• **훈련목표** : 식재료를 사용하여 용도에 맞게 냄비조리 하는 능력 함양
• **수준** : 3
• **최소훈련시간** : 20
• **권장훈련방법** : 집체훈련

• **평가 시 고려사항** : 평가자는 다음 사항을 평가해야 한다.
- 식재료 선별능력
- 화력 조절능력
- 냄비조리의 완성도
- 양념장의 활용능력
- 조리의 숙련도
- 식재료의 용도에 따른 손질능력

모둠냄비 寄鍋 | よせなべ

조리시간

요구사항

주어진 재료를 사용하여 '모둠냄비'를 만드시오.

1 재료는 규격에 알맞도록 썰고, 삶거나 데쳐 내시오.
2 다시마와 가다랑어포(가츠오부시)로 가다랑어국물(가츠오다시)을 만드시오.
3 달걀은 끓는물에 살짝 풀어 익혀 후키요세타마고로 만드시오.

수험자 유의사항

1 각 재료는 삶거나 데치고, 먼저 넣어 끓일 것과 나중에 마무리할 것을 구분해 둔다.
2 국물을 따로 간해서 두고 다른 준비가 다되었을 때 끓인다.
3 조리작품 만드는 순서는 틀리지 않게 하여야 한다.
4 숙련된 기능으로 맛을 내야하므로 조리작업 시 음식의 맛을 보지 않는다.

만드는 법

1 재료를 확인 및 분리한 후, 쑥갓은 찬물에 담근다.
2 냄비에 찬물 2컵, 면포로 닦은 다시마를 넣고 서서히 끓이고, 끓으면 다시마는 건져내고 가츠오부시를 넣고 불을 끈 후 5분 후에 면포에 맑게 걸러낸다.
3 당근은 매화꽃, 무는 은행잎을 만들고, 생표고버섯은 별 모양을 내어 끓는 소금물에 삶아놓고, 배추와 일부 쑥갓도 데쳐 찬물에 식힌다.
4 배추와 쑥갓은 물기를 제거하여 배추에 쑥갓을 넣고, 김발로 말아서 어슷하게 썬다.
5 죽순은 끓는물에 데쳐 찬물에 식힌 후 결을 이용하여 빗살 모양으로 0.2cm 두께로 썬다.
6 대파는 5cm 길이로 어슷하게 썰고, 두부는 4cm×3cm×1.5cm의 직사각형으로 도톰하게 썬다.
7 갑오징어는 껍질을 제거한 후 안쪽에 잔칼집을 넣고, 대합은 소금물에 담가 해감한다.
8 찜어묵은 물결무늬로 잔칼집을 넣어 준비한다.
9 흰살생선은 한 입 크기로 썰어 소금으로 밑간을 하고, 닭고기는 한 입 크기로 잘라 간장, 청주로 밑간한다.
10 새우는 내장을 제거하고 수염을 정리하여 끓는물에 데쳐 찬물에 식힌 후, 꼬리쪽 한마디만 남겨두고 껍질을 제거한다.
11 흰살생선, 닭고기는 끓는물에 데쳐 찬물에 식힌 후 물기를 제거한다.
12 냄비에 물을 올리고 달걀을 풀어 소금으로 간을 한 뒤 물이 끓으면 달걀을 붓고 퍼지지 않게 하며, 80~90% 정도 익으면 체에 밭쳐 물기를 제거하여 김발에 말아 식으면 3cm 길이로 어슷하게 썬다.(후키요세타마고)
13 완성냄비에 쑥갓을 제외한 모든 재료를 담고 가츠오다시 2Ts, 진간장 ½Ts, 청주 1Ts, 소금 ½Ts으로 간을 하여 끓인다.
14 끓으면 거품을 제거하고, 마지막에 쑥갓을 올려 낸다.

재료 및 분량

닭고기살 20g, 차새우 1마리
무 60g, 찜어묵 30g
갑오징어살 50g, 백합조개 1개
당근 60g, 배추 80g
대파(흰부분) 1토막, 생표고버섯 20g
팽이버섯 30g, 판두부 70g
흰생선살 50g, 달걀 1개
건다시마(5×10cm) 1장, 쑥갓 30g
죽순 30g, 청주 30ml
진간장 10ml, 소금(정제염) 10g
가다랑어포 20g, 이쑤시개 1개

Chef's Note

- 닭고기, 흰살생선, 갑오징어, 새우 손질하기
- 달걀을 이용하여 후키요세 타마고 만들기
- 채소류 손질하기
- 가다랑어 육수 만들어 끓이기

NCS

과정/과목명 : 1301010405_13v1 일식 냄비조리

- **훈련목표** : 식재료를 사용하여 용도에 맞게 냄비조리 하는 능력 함양
- **수준** : 3
- **최소훈련시간** : 20
- **권장훈련방법** : 집체훈련
- **평가 시 고려사항** : 평가자는 다음 사항을 평가해야 한다.
  - 식재료 선별능력
  - 화력 조절능력
  - 냄비조리의 완성도
  - 양념장의 활용능력
  - 조리의 숙련도
  - 식재료의 용도에 따른 손질능력

도미냄비 鯛ちり鍋 | たいちりなべ

조리시간

분

요구사항

주어진 재료를 사용하여 '도미냄비'를 만드시오.

1 손질한 도미를 5~6㎝로 자르고, 머리는 반으로 갈라 소금을 뿌리시오.
2 머리와 꼬리는 데친 후 불순물을 제거하시오.
3 무, 당근, 배추는 삶고, 다른 채소도 밑손질 하시오.
4 무는 은행잎, 당근은 매화 모양으로 만드시오.
5 양념(야쿠미)과 초간장(폰즈/지리스)을 만드시오.

수험자 유의사항

1 조리작품 만드는 순서는 틀리지 않게 하여야 한다.
2 숙련된 기능으로 맛을 내야하므로 조리작업 시 음식의 맛을 보지 않는다.

만드는 법

재료 및 분량

도미 1마리, 배추 70g
무 110g, 당근 60g
대파(흰부분) 1토막
판두부 60g, 죽순 50g
긴다시마(5cm×10cm) 1장
팽이버섯 30g, 생표고버섯 20g
가다랑어포 5g, 쑥갓 30g
소금(정제염) 10g, 청주 20ml
고춧가루(고운 것) 5g, 실파 20g
진간장 30ml, 식초 30ml
레몬 1/4개, 맛술(미림) 20ml

1 재료를 확인 및 분리한 후 쑥갓은 찬물에 담근다.
2 냄비에 찬물 2컵, 면포로 닦은 다시마를 넣고 서서히 끓이고, 끓으면 다시마는 건져내고 가츠오부시를 넣고 불을 끈 후 5분 후에 면포에 맑게 걸러낸다.
3 도미는 비늘, 아가미, 내장을 제거하고 몸통은 3장뜨기 한다.
4 도미머리는 반으로 가르고, 꼬리는 V자로 칼집을 넣은 후 소금을 뿌려둔다.
5 끓는물에 손질한 도미를 데친 후 찬물에 헹궈서 불순물과 비늘을 제거한다.
6 당근은 매화꽃, 무는 은행잎을 만들고, 생표고버섯은 별 모양을 내어 끓는 소금물에 삶아놓고, 배추와 일부 쑥갓도 데쳐 찬물에 식힌다.
7 배추와 쑥갓은 물기를 제거하여 배추에 쑥갓을 넣고 김발로 말아서 어슷하게 썬다.
8 죽순은 끓는물에 데쳐 찬물에 식힌 후 결을 이용하여 빗살 모양으로 0.2cm 두께로 썬다.
9 대파는 5cm 길이로 어슷하게 썰고, 두부는 4cm×3cm×1.5cm의 직사각형으로 도톰하게 썬다.
10 팽이버섯은 밑둥을 자른다.
11 완성냄비에 쑥갓을 제외한 모든 재료를 보기 좋게 돌려 담고 가츠오다시, 진간장, 청주, 소금으로 간하여 끓인다.
12 레몬은 반달 모양으로 2쪽 준비하고, 폰즈(다시, 간장, 식초 1:1:1 비율)를 만든다.
13 실파는 잘게 썰어 찬물에 헹궈두고, 무는 강판에 갈아 헹궈 고운고춧가루를 섞어 단풍색 물을 들인 뒤 모양을 만든다.(모미지 오로시)
14 폰즈와 야쿠미를 곁들여 낸다.

Chef's Note

- 도미, 채소류 손질하기
- 야쿠미, 초간장 만들기
- 색의 조화가 좋게 하여 익히기

NCS **과정/과목명 : 1301010405_13v1 일식 냄비조리**

- **훈련목표** : 식재료를 사용하여 용도에 맞게 냄비조리 하는 능력 함양
- **수준** : 3
- **최소훈련시간** : 20
- **권장훈련방법** : 집체훈련

- **평가 시 고려사항** : 평가자는 다음 사항을 평가해야 한다.
  - 식재료 선별능력
  - 화력 조절능력
  - 냄비조리의 완성도
  - 양념장의 활용능력
  - 조리의 숙련도
  - 식재료의 용도에 따른 손질능력

조리시간 40분

꼬치냄비 御田 | おでん

요구사항

주어진 재료를 사용하여 '꼬치냄비'를 만드시오.

1 어묵(오뎅)은 용도에 맞게 자르시오.(단, 사각형으로 된 오뎅은 5㎝ 정도로 잘라 사용한다.)
2 다시마는 매듭을 만들고, 당근은 벚꽃 모양으로 만드시오.
3 곤약은 길이 7㎝, 폭 3㎝ 정도로 잘라서 꼬인 상태로 만들어 사용하시오.

꼬인 상태 

4 소고기, 실파, 목이버섯, 당면, 배추, 당근으로 일본식 잡채를 만들어서 유부에 넣어 데친 실파로 묶으시오.
5 겨자와 간장을 함께 곁들이시오.

수험자 유의사항

1 무 삶기와 곤약 조림에 유의한다.
2 재료의 전처리에 유의한다.

만드는 법

1 재료를 확인 및 분리 후, 쑥갓은 찬물에 담가둔다.
2 다시마는 젖은 면포로 닦아 찬물 3컵 정도에 넣고 끓으면, 다시마는 건져내고 가츠오부시를 넣고 불을 끈 뒤 5분 후에 면포에 맑게 걸러낸다.
3 무는 밤알 크기로 잘라 끓는물에 삶아 찬물에 담가둔다.
4 곤약은 소금에 비벼서 길이 7㎝, 폭 0.5㎝로 잘라 가운데 칼집을 넣고 꼬아 모양을 잡은 후, 끓는물에 데친 후 찬물에 담가둔다.
5 따뜻한 물에 겨자를 개어 숙성시킨다.
6 어묵은 적당한 크기로 끓는물에 삶아 찬물에 헹궈 기름기를 제거한다.
7 데친 어묵은 꼬챙이에 보기 좋게 꽂아 2개를 준비해 둔다.
8 당근은 매화꽃 모양으로 만들어 끓는물에 데친 후 찬물에 담가두고, 당면은 끓는물에 데친 후 찬물에 헹궈 물기를 제거한다.
9 유부는 끝부분을 잘라 끓는물에 삶아 찬물에 헹궈 기름기를 제거한다.
10 다시마는 길이 10㎝, 폭 2㎝로 썰어서 매듭 2개를 준비하고, 삶은달걀은 껍질을 벗긴다.
11 유부 속재료인 소고기, 당근, 배추, 실파, 목이버섯은 3㎝ 정도로 채 썰고, 삶은당면도 잘라 둔 후 팬에 기름을 두르고 소고기, 당근, 배추, 목이버섯, 실파, 당면을 볶다가 간장, 설탕, 후추로 간을 하여 잡채를 만든 다음 유부 안에 잡채를 넣고 데친 실파로 꿰매준다.
12 냄비에 다시물 1컵과 간장 1큰술, 맛술 1큰술, 무, 곤약, 달걀을 넣고 조린다.
13 냄비에 쑥갓을 제외한 재료를 보기 좋게 돌려 담고, 다시 2C, 소금 1½t, 간장 1T, 청주 1T을 넣어 맛을 내고 은근히 끓이면서 중간에 뜨는 거품은 걷어내며 쑥갓을 넣어 마무리한다.
14 겨자소스와 간장을 곁들여 낸다.

재료 및 분량

어묵 180g, 판곤약 50g
당근 60g, 무 70g
쑥갓 30g
건다시마(5cm×10cm) 1장
가다랑어포 10g, 진간장 30ml
청주 15ml, 맛술(미림) 15ml
소금(정제염) 2g, 대꼬챙이 2개
달걀(삶은 것) 1개, 겨잣가루 10g
유부 2장, 소고기 30g
실파 20g, 목이버섯 5g
당면 10g, 배추 50g
식용유 30ml, 검은후춧가루 5g

Chef's Note

- 무, 곤약, 오뎅 삶아서 준비하기
- 일본식 잡채 유부에 담기(후쿠로)
- 다시마 매듭 준비하기
- 오뎅다시, 채소류 담아 끓이기

NCS

과정/과목명 : 1301010405_13v1 일식 냄비조리

- **훈련목표** : 식재료를 사용하여 용도에 맞게 냄비조리 하는 능력 함양
- **수준** : 3
- **최소훈련시간** : 20
- **권장훈련방법** : 집체훈련
- **평가 시 고려사항** : 평가자는 다음 사항을 평가해야 한다.
  - 식재료 선별능력
  - 화력 조절능력
  - 냄비조리의 완성도
  - 양념장의 활용능력
  - 조리의 숙련도
  - 식재료의 용도에 따른 손질능력

조리시간 **30**분

우동볶음 焼きうどん | やきうどん

요구사항

주어진 재료를 사용하여 '우동볶음'을 만드시오.

1 새우는 껍질과 내장을 제거하고 사용하시오.
2 오징어는 솔방울 무늬로 칼집을 넣어 1㎝×4㎝ 정도 크기로 썰어서 데쳐 사용하시오.
3 우동은 데쳐서 사용하시오.
4 가다랑어포(하나가츠오)를 고명으로 얹으시오.

수험자 유의사항

1 우동과 해물, 채소 등이 잘 어우러지게 볶아낸다.
2 조리작품 만드는 순서는 틀리지 않게 하여야 한다.
3 숙련된 기능으로 맛을 내야하므로 조리작업 시 음식의 맛을 보지 않는다.

만드는 법

1 오징어는 솔방울 모양으로 칼집을 넣어 1cm×4cm 크기로 썰고, 새우도 손질한다.
2 표고는 0.5cm 두께로 썰고, 당근은 두께 1cm×5cm 크기로 편 썬다.
3 피망과 양파는 0.5cm로 채 썬다.
4 숙주는 머리, 꼬리를 제거한다.
5 새우와 오징어를 데쳐낸다.
6 우동면을 살짝 데쳐서 찬물에 씻어둔다.
7 팬에 오일을 두르고 새우, 오징어를 넣고 청주 1Ts을 넣고 볶는다.
8 채 썬 채소를 볶다가 데친 우동을 넣고 간장 2Ts, 청주 2Ts, 미림 2Ts을 넣고 간을 하여 맛을 낸다.
9 마지막에 참기름을 두르고 접시에 담고, 하나가츠오부시를 얹어준다.

재료 및 분량

우동 150g
작은새우(껍질 있는 것) 3마리
갑오징어 몸살 50g
양파 1/8개
숙주 80g
생표고버섯 1개
당근 50g
청피망 1/2개
가다랑어포 10g
청주 30ml
진간장 15ml
맛술 15ml
식용유 15ml
참기름 5ml
소금 5g

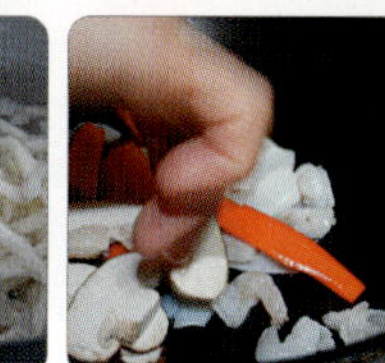

Chef's Note

- 오징어, 새우 손질하기
- 곁들임 채소 알맞게 썰기
- 우동면 데치기
- 우동면 간하기

NCS

과정/과목명 : 1301010411_13v1 일식 면류조리

- 훈련목표 : 면 재료를 이용하여 양념, 국물과 함께 제공하여 면류조리 하는 능력 함양
- 수준 : 3
- 최소훈련시간 : 20
- 권장훈련방법 : 집체훈련

- 평가 시 고려사항 : 평가자는 다음 사항을 평가해야 한다.
  - 식재료의 손질하기
  - 위생적인 조리과정
  - 곁들임 활용능력
  - 맛국물 내는 능력
  - 면조리의 완성도
  - 기물의 선택과 활용능력
  - 면의 보관능력
  - 면조리의 숙련정도

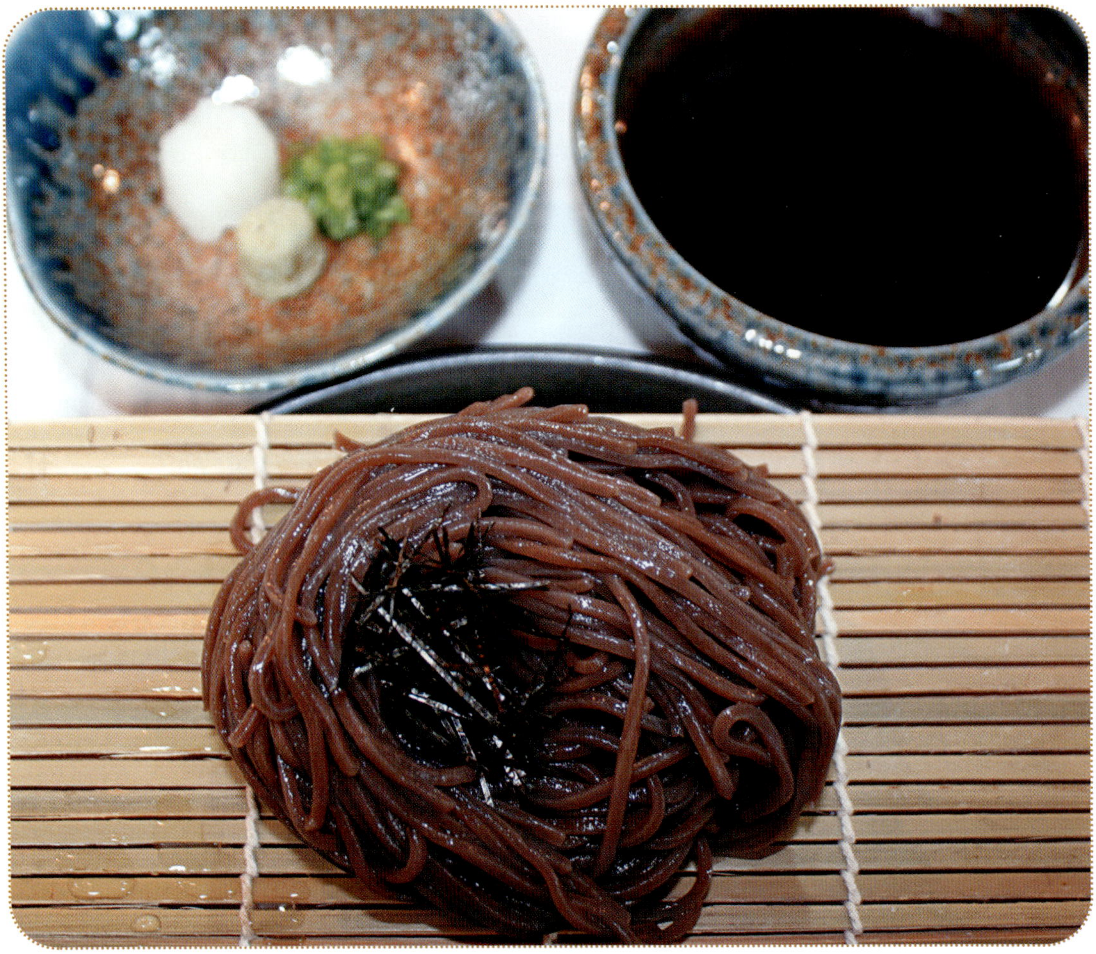

메밀국수 笊蕎麥 | ざるそば

조리시간 30분

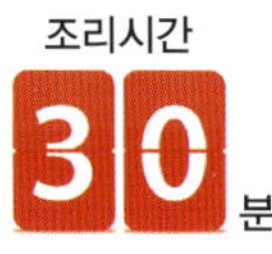

요구사항

주어진 재료를 사용하여 '메밀국수'를 만드시오.

1. 소바다시를 만들어 얼음으로 차게 식히시오.
2. 메밀국수는 삶아 얼음으로 차게 식혀서 사용하시오.
3. 메밀국수, 양념(야쿠미), 소바다시를 각각 따로 담아 내시오.
4. 메밀국수는 접시에 김발을 펴서 그 위에 올려 내시오.
5. 김은 가늘게 채 썰어(하리기리) 메밀국수에 얹어 내시오.

수험자 유의사항

1. 지급된 양념(야쿠미) 재료를 각각 특성에 맞게 준비하여 곁들여 내도록 한다.
2. 조리작품 만드는 순서는 틀리지 않게 하여야 한다.
3. 숙련된 기능으로 맛을 내야하므로 조리작업 시 음식의 맛을 보지 않는다.

만드는 법

1 재료를 확인 및 분리한다.
2 다시마는 젖은 면포로 닦아 찬물 2컵 정도에 넣고 끓이다가, 끓으면 다시마는 건져내고 가츠오부시를 넣고 불을 끈 뒤 5분 후에 면포에 맑게 걸러낸다.
3 가츠오다싯물 1C, 간장 2Ts, 미림 1Ts, 청주 1Ts, 설탕 ½Ts를 냄비에 넣고 살짝 끓인 후 얼음물에 중탕한다.
4 무는 강판에 갈아 무즙을 내어 찬물에 헹궈준다.(무 오로시)
5 실파는 흰 부분을 제거하고 푸른 부분을 잘게 썬 후, 찬물에 헹궈 물기를 제거한다.
6 와사비는 찬물에 개어 준다.
7 메밀국수는 끓는물에 넣고 삶아 얼음물에서 충분히 씻어준다.(거품이 올라오면 찬물을 넣어가며 삶아준다.)
8 김은 살짝 구워 하리노리 한다.
9 삶은 메밀국수는 준비한 김발 위에 놓고 채 썬 김을 얹는다.
10 간장소스와 야쿠미를 곁들여 낸다.

재료 및 분량

메밀국수 150g
무 60g
실파 40g
김 ½장
고추냉이 10g
가다랑어포 10g
건다시마(5cm×10cm) 1장
진간장 50ml
백설탕 25g
청주 15ml
맛술 10m
각얼음 1kg

Chef's Note

- 얼음을 이용해 메밀국수를 차갑게 낸다.
- 간장소스는 비율에 맞게 만든다.
- 야쿠미를 곁들인다.

NCS **과정/과목명 : 1301010411_13v1 일식 면류조리**

- **훈련목표** : 면 재료를 이용하여 양념, 국물과 함께 제공하여 면류조리 하는 능력 함양
- **수준** : 3
- **최소훈련시간** : 20
- **권장훈련방법** : 집체훈련

- **평가 시 고려사항** : 평가자는 다음 사항을 평가해야 한다.
  - 식재료의 손질하기
  - 위생적인 조리과정
  - 곁들임 활용능력
  - 맛국물 내는 능력
  - 면조리의 완성도
  - 기물의 선택과 활용능력
  - 면의 보관능력
  - 면조리의 숙련정도

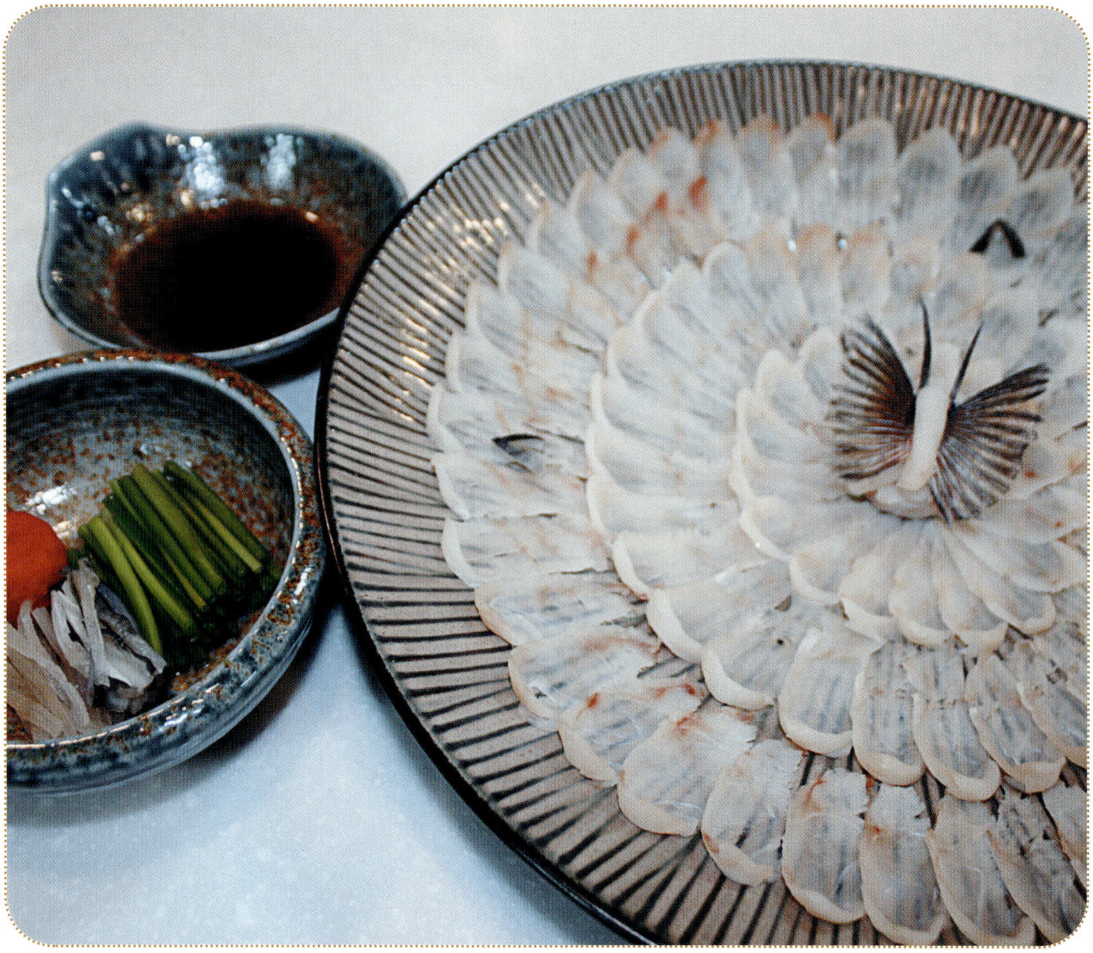

복어회 河豚刺身 | ふぐさしみ

조리시간 60분

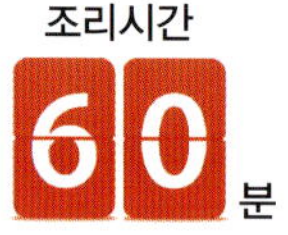

요구사항

주어진 재료를 사용하여 '복어회'를 만드시오.

1 복어의 겉껍질과 속껍질을 분리하여 손질하고, 가시를 제거하시오.
2 복어지리용 채소(무, 당근 등)는 모양(은행잎, 매화꽃 등)을 내어 사용하시오.
3 뼈는 5㎝ 크기로 토막을 내시오.
4 완성품은 폰즈쇼유, 야쿠미와 함께 모양 있게 담아 내시오.

수험자 유의사항

1 독성분 제거, 껍질 처리 등 복어의 손질에 유의한다.
2 복어지리의 채소 색깔 및 모양에 유의한다.
3 복어회의 포뜨기에 유의한다.
4 곁들이는 폰즈쇼유와 야쿠미 만드는 데 유의한다.
5 조리작품 만드는 순서는 틀리지 않게 하여야 한다.
6 숙련된 기능으로 맛을 내야하므로 조리작업 시 음식의 맛을 보지 않는다.

만드는 법

1 재료를 확인하고 분리한다.
2 복어를 밑손질한 후, 복어살은 물기를 제거한 후 배쪽과 등쪽 껍질을 얇게 벗겨낸 다음 물기를 제거한 후 면포에 싸서 무거운 접시 등을 올려 여분의 수분을 제거한다.
3 지느러미를 소금으로 문질러 씻은 후 펼쳐 부채꼴이나 나비 모양을 만들어 말려둔다.
4 복어의 껍질은 속껍질과 겉껍질로 나누고, 가시 있는 겉껍질 부분을 도마에 집착시켜 가시를 제거한다.
5 미나리는 4cm 정도로 잘라둔다.
6 물이 끓으면 배쪽, 등쪽, 껍질을 데친 다음, 찬물에 헹궈 물기를 제거한 후 4cm 길이로 채 썬다.
7 복어살은 얇게 썰어 한 장씩 부채꼴 모양으로 접시에 담는다.
8 껍질과 미나리를 곁들여 낸다.
9 다시물 1Ts, 간장 1Ts, 식초 1Ts을 섞어 폰즈를 만든다.
10 실파는 송송 썰어 찬물에 헹군 다음 물기를 제거한다.
11 무의 일부는 강판에 갈아 찬물에 여러 번 헹군 다음 물기를 조금 제거한 후, 고운고춧가루로 단풍색(もみじ) 물을 들여 모양을 낸다.
12 레몬은 반달 모양으로 썬다.
13 폰즈와 야쿠미를 곁들인다.

재료 및 분량

복어(600g 정도) 1마리
당근 50g, 무 100g
배추 250g, 생표고버섯(중) 20g
대파 1대, 팽이버섯 10g
두부 1/6모, 찹쌀떡 15g
미나리 20g
건다시마(5cm × 10cm) 1장
실파 10g, 레몬 1/8쪽
진간장 30mℓ, 식초 30mℓ
가츠오부시 10g, 소금 10g
고운고춧가루 2g

NCS

과정/과목명 : 1301010422_13v1 복어 회조리

- **훈련목표** : 복어살을 전처리 작업하여 얇게 포를 뜨는 능력 함양
- **수준** : 5
- **최소훈련시간** : 30
- **권장훈련방법** : 집체훈련

- **평가 시 고려사항** : 평가자는 다음 사항을 평가해야 한다.
  - 식재료의 손질하기
  - 복어회 재료 처리능력
  - 복어회 자르기능력
  - 복어회 담기능력
  - 조리의 숙련도
  - 위생적인 조리과정

복어지리 河豚ちり鍋 | ふぐちりなべ

조리시간

요구사항

주어진 재료를 사용하여 '복어지리'를 만드시오.

1 복어의 겉껍질과 속껍질을 분리하여 손질하고, 가시를 제거하시오.
2 복어지리용 채소(무, 당근 등)는 모양(은행잎, 매화꽃 등)을 내어 사용하시오.
3 뼈는 5㎝ 크기로 토막을 내시오.
4 완성품은 폰즈쇼유, 야쿠미와 함께 모양 있게 담아내시오.

수험자 유의사항

1 독성분 제거, 껍질 처리 등 복어의 손질에 유의한다.
2 복어지리의 채소 색깔 및 모양에 유의한다.
3 복어회의 포뜨기에 유의한다.
4 곁들이는 폰즈쇼유와 야쿠미를 만드는 데 유의한다.
5 조리작품 만드는 순서는 틀리지 않게 하여야 한다.
6 숙련된 기능으로 맛을 내야하므로 조리작업 시 음식의 맛을 보지 않는다.

만드는 법

재료 및 분량

복어(600g 정도) 1마리
당근 50g, 무 100g
배추 250g, 생표고버섯(중) 20g
대파 1대, 팽이버섯 10g
두부 1/6모, 찹쌀떡 15g
미나리 20g
건다시마(5cm×10cm) 1장
실파 10g, 레몬 1/8쪽
진간장 30ml, 식초 30ml
가츠오부시 10g, 소금 10g
고운고춧가루 2g

1 재료를 확인하고 분리한다.
2 다시마는 젖은 행주로 닦아 물 3컵 정도 넣고 끓으면, 다시마는 건져내고 불을 끈 후 가츠오부시를 넣고 5분 정도 있다가 걸러낸다. 그리고 소금, 간장으로 간을 한다.
3 두부는 5cm×2cm×3cm의 직사각형으로 도톰하게 썬다.
4 대파는 길이 6cm 정도로 어슷하게 썬다.
5 표고버섯은 기둥을 떼고 별 모양(*)을 낸다.
6 팽이버섯은 밑둥을 잘라낸다.
7 당근은 매화꽃 모양으로 만들고, 일부 무는 은행잎 모양으로 만들어 끓는물에 삶아준다.
8 배추와 미나리는 데쳐 찬물에 헹군 뒤 김발에 배추, 미나리를 넣고 말아둔 후 대각선(6cm)으로 썬다.
9 복떡은 석쇠나 쇠꼬챙이를 이용해 굽는다.
10 끓는물에 복어의 머리뼈, 아가미뼈, 주둥이, 배꼽살을 데쳐 찬물에 헹군 다음 수분을 제거한다.
11 접시에 손질한 채소와 데친 복어를 보기 좋게 담는다.(사라모리)
12 냄비에 사라모리(복어, 채소)한 것을 그대로 담고 육수를 넣고 끓인다.
13 복어지리가 완성되면 미나리를 얹어 마무리한다.
14 폰즈와 야쿠미를 곁들인다.

NCS **과정/과목명 : 1301010426_13v1 복어 냄비조리**

- **훈련목표** : 맛국물을 내어 복어 맑은국탕을 조리하는 능력 함양
- **수준** : 4
- **최소훈련시간** : 30
- **권장훈련방법** : 집체훈련

- **평가 시 고려사항** : 평가자는 다음 사항을 평가해야 한다.
  - 식재료 선별능력
  - 맛국물을 우려내는 능력
  - 화력 조절능력
  - 복어 냄비요리의 완성도
  - 복어 냄비조리의 숙련도
  - 식재료의 용도에 따른 손질능력

참고문헌

강송목 외, 꼭 알아야 할 기초 일식조리, 도서출판 유강, 2013.

_______, 창업 위한 일본요리, 지구문화사, 2007.

구본호, 기초 일본요리, 백산출판사, 2013.

김기중 외, 일본요리, 교문사, 2009.

김성훈 외, 일본요리, 예문사, 2007.

김원일, 정통 일본요리, 형설출판사, 1994.

박병학, 기본 일본요리, 형설출판사, 2003.

서재실, 정석 일본요리, 효일, 2002.

성기협 외, 최신 일본요리, 백산출판사, 2008.

안효주, 이것이 일본요리이다, 샘터, 1998.

오혁수, 일본요리, 백산출판사, 2002.

유택용 외, 일본요리, 형설출판사, 2006.

畑耕一郎, プロのためのわかりやすい 日本料理, 築田書店, 2005.

Profile

강송목

AT센터 현장코칭(조리, 외식경영) 기업컨설팅 전문위원
일본 후쿠오카 후쿠라쿠사 복어요리 전문가과정 수료
글로벌 리더요리 국가대표 팀장
대한민국 공인 조리기능장
산업인력관리공단 실기 심사위원
현, 동아인재대학교 글로벌호텔조리과 겸임교수

김성훈

호텔 조선비치 부산 구로마쯔 근무
한국직업능력개발계좌제 직업훈련과정 심사위원
부산식약청 수입식품안전협의회 전문위원
대한민국 공인 조리기능장
산업인력관리공단 실기 심사위원
현, 영산대학교 동양조리학과 교수

송혜영

경성대학교 호텔관광외식서비스경영학과 박사 수료
일본 후쿠오카 후쿠라쿠사 복어요리 전문가과정 수료
대한민국 공인 조리기능장
산업인력관리공단 실기 심사위원
현, 영산대학교 웰빙조리학과 책임교수

NCS를 기반으로 한
National Competency Standards
일본요리